O CAMINHO DAS MÃOS VAZIAS

AUTOCONHECIMENTO ATRAVÉS DO KARATÊ-DÔ

Luiz Antonio Pavão

ISBN: 9798842572458

DEDICATÓRIA

A todos que encontrei pelo Caminho.

CONTEÚDO

Agradecimentos   1

Prefácio   2

1 Modelo Mental   9

2 A Energia Vital – Ki   16

3 A mente oriental sob a ótica dos textos   18

4 Kata   46

5 A técnica   53

6 Um pouco da história do Karatê   77

7 O resgate do Karatê como arte marcial de defesa   82

8 Aspectos pedagógicos do ensino do Karatê   86

9 Meditação   92

10 Um Caminho para a prática do Kata   97

11 Kihon, Kata e Kumitê   124

Sobre o autor   126

Referências   127

AGRADECIMENTOS

Nos meus cerca de 47 anos de prática e estudo de artes marciais, tive a felicidade de conhecer muitas pessoas que me ajudaram a ter uma certa compreensão do que realmente são. A compreensão completa não pertenceu, nem pertence e não pertencerá a ninguém. Isto não somente pela complexidade, abrangência ou profundidade, mas por estar em contínua evolução. Adotei o Karatê como espinha dorsal da minha vida, mas sempre fiquei atento e curioso a respeito das demais técnicas de luta e artes marciais. Como filosofia de vida ou até mesmo como religião, procuro colocar o Karatê presente em todos os momentos da minha vida. Inicialmente agradeço ao meu pai, Jurandyr Pavão, que me iniciou neste caminho e herdando a admiração pela cultura oriental. Também agradeço a minha mãe, Zélia Milléo Pavão pela paixão pelo estudo das ciências que ela sempre possuiu, criando um modelo ao qual, na medida das minhas limitações, segui. Com as aulas de Judô Clássico (não esportivo) do sensei Paulo Nonaka aos meus 9 anos de idade, foi o meu primeiro contato efetivo. Com 14 anos iniciei o Karatê com o sensei Julio Takuo Arai, o qual considero meu segundo pai. Em 37 anos com o sensei Arai, e por conta das federações as quais participei, o Karatê sempre esteve me acompanhando por questões que vão muito além do esporte. Dois grandes mestres fizeram parte constante deste período. Sensei Taketo Okuda, o qual tenho a honra de ter sido meu avaliador até a faixa marrom (1.984). Sensei Luiz Tasuke Watanabe (1.947-2.021), campeão mundial de 1.972 e presente no Guiness Book of Records pela sua performance incomparável (nove lutas por Ippon). Tive também momentos de grande aprendizado em encontros, gashukos e cursos com os mestres Yasutaka Tanaka (1.936-2.18), Hiroyasu Inoki (1.940-2.017) e Yoshizo Machida. Quando completei 51 anos de idade percebi que precisava trilhar um caminho solitário pois sentia grande necessidade de estudar mais do que treinar, o Karatê como esporte estava esgotado para mim. Durante três anos me dediquei ao estudo e a prática dos Kata enfatizando a unificação corpo, mente e espírito. Desenvolvi um método de treinar bastante divertido: para cada Kata eu criei um conjunto de adversários que me ajudavam a compreender o real objetivo do Kata, tanto do ponto de vista de aplicação das técnicas, do emocional e do espiritual. Após este período iniciei as aulas com o mestre Raimundo Chu, meu colega de vários anos na Academia Shotokan, do sensei Arai. Passamos a juventude juntos, treinando e competindo. Foi uma imensa satisfação descobrir que o caminho ao qual comecei a trilhar sozinho estava completamente alinhado aos ideais dele. Já há algum tempo, sensei Raimundo Chu havia se descolado das federações esportivas, mas não ignorado. Com uma técnica extremamente precisa e dedicado ao Karatê Ancestral, foi exatamente o que eu buscava e precisava para me manter neste novo caminho, o "karatê para a vida". Não poderia deixar de agradecer profundamente a minha esposa, a psicóloga e logoterapeuta Danuza El Khatib. Por seu incentivo e como verão ao longo do texto, as referências e citações da Logoterapaia e de Viktor Emil Frankl, são bem significativas, devo a ela e as nossas inúmeras conversas, as reflexões que aqui são relatadas.

Prefácio

Procurei realizar, na medida das minhas limitações, um estudo para a criação de um texto de forma livre de preconceitos e paixões. Há muito tempo tenho para mim que não existem verdades absolutas, mas relativas. A ciência sempre foi a base do meu pensamento, mas compreendi que a ciência do ponto de vista ocidental, clássico, racional, não consegue explicar tudo, longe disto ... Considero que a realidade é fruto de uma ilusão causada pela deformação de nossa percepção, contaminada por elementos que podem ser positivos ou negativos, mas não refletem a realidade como efetivamente é. Vou usar com muita frequência a palavra caminho, o significado será demonstrado ao longo de todo o texto. Caminho é muito diferente de trilha, o caminho não tem uma definição inicial e muito menos fixa. Da mesma forma vejo o destino, como algo não definido. Gosto de pensar que o tempo e o espaço não existem, são também frutos de nossa capacidade limitada de perceber o universo.

Estudo e observo a forma oriental de pensar, fundamental para um aprofundamento maior nos aspectos mais complexos do karatê, ou melhor das "artes marciais" orientais. Sempre me questionei se penso como um japonês para poder praticar corretamente o Karatê. Coloco entre aspas o termo arte marcial, pois nem todas são associadas à guerra, muitas tem como objetivo um caminho completamento oposto, o da paz.

Há algum tempo venho estudando o significado de modelo mental ou mind set, inicialmente minha busca foi de compreender as diferenças que existem entre o ocidental e o oriental. A princípio me pareceu algo óbvio, o pensamento oriental é diferente do ocidental. A leitura de textos produzidos nos lados opostos do mundo, nos leva facilmente a esta conclusão. Os rituais também, possuem diferenças bem marcantes: basta comparar um ritual religioso católico e um budista, ou ainda uma cerimônia do chá chinesa com uma inglesa. Ou ainda, o *mind fullness* comparado à meditação zen budista.

Voltando ao termo "arte marcial", ele por si só, reflete uma perspectiva ocidental, só lembrando que marcial vem de Marte (Martius, em Latim) o deus romano da guerra. Nem mesmo os termos *Bu-dô* (caminho do guerreiro, em japonês) ou *Wu-shu* (arte marcial, em chinês) penso como corretos para denominar as artes e técnicas ancestrais de luta (normalmente associadas a defesa e não ao ataque). O uso dos termos técnicas e filosofias, também acaba não sendo completo, mas por enquanto (neste ponto do registro que faço), é o suficiente. Para clarear a imagem que quero produzir, podemos pensar como filosofia algo ligado ao pensamento, a forma como pensamos (uma parte do modelo mental) e a ética a forma como agimos, a materialização da forma como pensamos. A técnica, o aspecto mais simples, tem grande importância no contexto geral, mas sua compreensão é bem mais acessível.

Depois de algum tempo nesta busca, e tendo como atividade profissional a formação de profissionais em cursos de graduação universitária (gestor e professor), percebi uma grande oportunidade de incluir as conclusões que cheguei no processo de ensino e aprendizagem da dimensão comportamental, ou "soft-skills", como são mais comumente chamadas. Esta dimensão é composta por competências sociais, emocionais e mentais. Completamente alinhada à estrutura psíquica, fundamental para compreender modelos mentais. Ainda nas questões do ensino e aprendizagem, mas de forma geral, os processos meditativos necessários a perfeita compreensão do modelo mental oriental, produzem melhorias significativas na concentração (tanto na intensidade como no tempo). E do ponto de vista do educador, o aumento na capacidade de percepção do outro, a empatia. Fundamental para uma relação mais profunda e duradoura com os estudantes. De forma mais profunda, a compreensão do ser humano integral, onde corpo, mente e espírito se fundem para a concepção de um ser humano íntegro, único e parte do todo. A questão fundamental é relacionada com o autoconhecimento, ou pelo menos com a busca de saber quem somos e como nos relacionamos com os outros, com a natureza, enfim, com todo o universo.

Desta forma, o estudo foi sendo desenvolvido e este texto foi sendo construído, os objetivos foram sendo ampliados, mas a base fundamental foi se concentrando em um ponto comum: o processo meditativo para a busca do autoconhecimento.

Os estudos teóricos e a leitura de muitas obras e textos foi acompanhado pela aplicação prática destes conhecimentos em mais de quatro décadas de dedicação ao Karatê. Os insights e as revelações foram bidirecionais: advindos das aulas, treinamentos e estudos do Karatê em grupo e individual, alimentado pelas reflexões sobre os textos. As conversas com colegas e professores foram fundamentais, tanto da comunidade acadêmica como a dos karatecas. Estes insights e revelações foram muito significativos e me permitiram grandes transformações.

Referências

Fiz inúmeras referências a textos, obras e declaração de pensadores. Não consegui ser muito preciso na forma de fazê-las, pois consultei várias fontes em diferentes formatos e traduções. Mas fiz o possível para que em cada porção de texto referenciado direta ou indiretamente, seja remetido ao autor ou obra original.

Para quem é este livro

Gosto de pensar que posso ter atingido o objetivo de escrever para qualquer pessoa, conhecedora de artes marciais ou não. Algumas seções podem ser mais difíceis de serem compreendidas, pois envolvem técnicas e termos específicos do Karatê, mas com um pouco de esforço e principalmente envolvimento (visualização durante a leitura), o desafio fica mais fácil. Nos textos aonde questões filosóficas e psicológicas, por serem sintéticos, podem exigir uma leitura extra. As referências indicam quais usei, mas podem não ser o suficiente para uma compreensão mais completa.

Desdobramentos

Outra conclusão interessante é a possibilidade da compreensão mais holística das técnicas de gestão orientais, notadamente das japonesas. Na maioria das vezes, quando um gestor ou mesmo um colaborador (ocidentais) se refere a essas técnicas (5S, Kata Toyota, Just in time, Kanban, etc.), me parece que falta alguma coisa, uma certa superficialidade. É como se fosse um remédio que trata dos sintomas, mas não da causa fundamental.

Vejo uma grande contribuição para o bem-estar. Estamos sempre à procura de caminhos que nos levem ao bem-estar completo. Bem-estar significa uma vida feliz baseada em paz e tranquilidade. Bem-estar em casa, família feliz. Bem-estar no trabalho, alegria de contribuir. Isso tudo diminui tensões, clareia a percepção e nos torna mais humanos, empáticos e mais saudáveis (mental, físico e emocional). Os ocidentais já perceberam que Yoga, meditação, exercícios físicos e mentais ajudam muito nesta busca. Mas, mais uma vez, percebo isso como incompleto. Nem todos conseguem incluir a dimensão espiritual, e menos ainda o equilíbrio da tríade corpo, mente e espírito.

Os desdobramentos em termos de aplicações mais objetivas estão relacionados com a criação de equipes mais conectadas e sinérgicas (para um alto desempenho), orientação para formação de líderes gentis e serenos e negociação como arte e não guerra.

1 Modelo Mental

O modelo mental é o que torna as pessoas diferentes. Ele é desenvolvido durante nossa vida e influenciado por inúmeros fatores que podem ser externos e internos. O neurologista Gilbert Gottlieb definiu que os genes e o meio ambiente cooperam para a formação de nosso funcionamento. Segundo a psicóloga e pesquisadora Carol S. Dweck, "As pessoas podem ter diferentes temperamentos e aptidões no início de suas vidas, mas evidentemente a experiência, o treinamento e o esforço pessoal conduzem-nas no restante do percurso." Ela define os dois tipos de modelo mental: o fixo e o de crescimento. O de crescimento é aquele que se baseia na crença que todos podemos cultivar nossas qualidades por meio dos nossos próprios esforços. Afirma também que "Embora as pessoas possam diferir umas das outras de muitas maneiras – talentos e aptidões iniciais, interesses ou temperamentos - , cada um de nós é capaz de se modificar e desenvolver por meio de esforço e experiência." [DWECK]

Desta forma, está em nossas mãos as ferramentas e a definição do processo de evolução do nosso modelo mental para atingirmos os nossos objetivos de vida. Nos termos em que são colocados atualmente, o modelo mental oriental que caracterizo neste estudo, é um submodelo do modelo de crescimento. Basicamente pela busca da perfeição através da interiorização. Procurei identificar alguns dos motivos que formaram os modelos mentais ocidentais e orientais. Motivos históricos, sociais, filosóficos, psicológicos, religiosos e espirituais. A intenção é de termos recursos para compreender como os modelos foram formados e suas diferenças fundamentais e não definir qual é o melhor. O bom senso nos diz que a composição deve ser o objetivo, respeitando sempre o nosso ser e a nossa individualidade.

O pensamento ocidental baseado na divisão cartesiana e na visão mecanicista do mundo, já se demonstrou incapaz de criar um modelo que nos leve a compreensão mais profunda dos fenômenos naturais. Esta fragmentação dificulta a percepção do todo e de nossa participação nele, cria uma perturbação da mente, a produção da multiplicidade das coisas e impede nosso desenvolvimento espiritual [ASHVAGOSHA]. Em direção oposta, o modelo oriental a divisão do mundo em componentes isolados está longe de ser verdade. "Tais componentes possuem caráter fluido e em eterna mudança. A visão oriental é intrinsicamente dinâmica, contendo o tempo e a mudança como características fundamentais. O cosmo é visto como uma realidade inseparável, em eterno movimento, vivo, orgânico, espiritual e material ao mesmo tempo" [CAPRA].

Em termos do ponto de vista do conhecimento humano, há também diferenças fundamentais. O ocidente adotou a abordagem racional e o oriente a intuitiva. O conhecimento racional é baseado nas experiências reais que vivenciamos no nosso cotidiano, pertence ao reino do intelecto. Neste, são usados métodos como discriminar, dividir, comparar, medir e categorizar. Com isto, a abstração é a característica crucial deste conhecimento, definindo a construção de um mapa intelectual da realidade. Este mapa é repleto de simplificações e linearizações, deixa de lado as infinitas variedades e complexidades do mundo natural. Este mundo natural é multidimensional aonde formas geométricas perfeitas não existem (retas, circunferências, esferas, etc.), os processos não ocorrem em sequencialmente, mas concomitantemente. Em contraponto, os orientais abordam o conhecimento de forma completamente diferente: Lao Tsé, na China, afirmou "o melhor é não saber que se sabe" (Sócrates disse "sei que nada sei"), as escrituras hindus (Os *Upanishads*) identificam o racional como conhecimento inferior, o intuitivo é o "mais elevado". Para os Budistas, o conhecimento "relativo" e o "absoluto". Os místicos orientais acham-se voltados para uma experiência direta da realidade que transcende não apenas o pensamento intelectual, mas também a percepção sensorial. A realidade última não pode ser objeto de raciocínio ou de conhecimento demonstrável, tampouco não pode ser expressa por palavras, pois se situa além dos sentidos e do intelecto [CAPRA].

Nos *Upanishads* [ASHVAGOSHA] lemos que:

> *Lá, o olho não alcança,*
>
> *Nem a fala, nem a mente.*
>
> *Não sabemos ou sequer entendemos*
>
> *Como poderia ser ensinado.*

Lao Tsé, que denomina esta realidade de *Tao*, faz a seguinte afirmação (*Tao Te Ching*, primeira linha):

> *"o Tao que pode ser expresso não é o Tao eterno"*

Para os ocidentais estas afirmações parecem ser algo completamente fora da realidade e de difícil compreensão. Quando parcialmente compreendidas, ficam restritas nas esferas filosófica e espiritual. Fritoj Capra no seu livro "O Tao da Física" faz um paralelo muito interessante sobre a Física Moderna e o misticismo oriental, nele descreve a convergência dos pensamentos, e dos resultados empíricos obtidos pelos cientistas que definiram as bases da Física Moderna (Teorias da Relatividade e Física Quântica – Albert Einstein, Max Planck, Niels Bohr, Werner Heisenberg e Erwin Schrodinger). Sem a Relatividade não teríamos as viagens espaciais, satélites nem o GPS. Sem a Física Quântica, que é a base dos semicondutores, não teríamos os computadores nem as lâmpadas de LED. Sem as Teorias da Relatividade e a Física Quântica em conjunto, não teríamos o conhecimento que temos hoje do Universo, de sua origem e de seu destino.

Acho que vale a pena voltarmos um pouco no tempo e analisarmos como o desenvolvimento da ciência ocidental influenciou nossa forma de pensar, nosso consciente. A Física Clássica (até o final do século XIX) engloba o a mecânica clássica, as leis de Newton, a termodinâmica clássica e o eletromagnetismo. Isaac Newton (1.643-1.727) publicou em 1.687 "Princípios Matemáticos da Filosofia Natural" com as bases da mecânica clássica: definiu as leis do movimento e a gravitação universal. Nicolas Léonard Sadi Carnot (1.796-1.832), o "pai da termodinâmica", em 1824 publicou "Reflexões sobre a Potência Motriz do Fogo", um discurso sobre o calor, potência e eficiência de máquina. Michael Faraday (1.791-1.867), descobriu a indução eletromagnética, fundamental para o surgimento dos motores mecânicos de eletricidade e os transformadores. O "Discurso sobre o Método", obra de 1637 de René Descartes (1.596-1.650), é um tratado filosófico e matemático que lançou a definição de Método Científico e as bases do Racionalismo como a única fonte de conhecimento. Descartes é considerado o fundador da "filosofia moderna" e o pai da "matemática moderna", sugeriu a fusão da álgebra com a geometria, gerando a geometria analítica e o sistema de coordenadas. Não é preciso de muita reflexão para percebermos que este caminho levou a configuração de como pensamos, em resumo: há determinismo nos fenômenos físicos, as previsões matemáticas definiam um universo representado por uma grande máquina que segue fórmulas e equações matemáticas. Mas a partir do final do século XIX com o estudo mais aprofundado da natureza da matéria e de fenômenos associados a radioatividade as coisas mudaram. O mundo do muito pequeno estava desafiando nossa realidade determinística, da causa-efeito matematicamente definida. Einstein com suas teorias (efeito fotoelétrico, relatividade especial e geral) colocava em xeque o pensamento científico clássico. O estudo do efeito fotoelétrico foi fundamental no estabelecimento da teoria quântica e no comportamento dual das partículas subatômicas. A teoria da relatividade e a física quântica consideram que o observador determina o resultado do experimento (fenômeno). Observar o mundo transforma o mundo. Os fenômenos quânticos se aplicam somente ao mundo do muito pequeno, se fosse extrapolado para objetos do nosso cotidiano, as coisas ficariam bizarras (gato de Schrödinger). Já as teorias da relatividade se aplicam ao mundo do muito rápido ou do muito grande. Elas não fazem parte do nosso bom senso, mas nos faz pensar que a realidade que vemos é uma simplificação.

Bu-dô

O entendimento do significado de *Bu-Dô* é muito importante para podermos começar a estudar a mente oriental. Possui um significado que vai bem além das palavras. Apesar de origem japonesa, o conceito está presente em todo o pensamento e comportamento oriental. De forma simples, podemos considerar a origem histórica do nome como o Caminho do Guerreiro.

Este caminho deve levar a perfeição, uma espécie de fusão sincrética entre a imagem do Buda com a imagem dos deuses do xintoísmo (religião antiga do Japão, politeísta, aonde as forças da natureza representam as divindades). Com isto, a unidade entre o mundo humano e o universo ampliam a percepção do *Bu-dô* como uma visão da universalidade do valor da vida que é conduzida pelo caminho. Essa imagem de perfeição é um valor profundamente presente na sociedade japonesa [Kenji Tokitsu].

A palavra japonesa *Bu-dô* é composta de dois caracteres: Muitas vezes o *Bu* é traduzido como marcial, ou derivado de *Bushi* – guerreiro, mas a origem do ideograma tem o sentido de "parar o conflito de armas ou restaurar a paz". Pode ser interpretado como ação de valor, modo corajoso de viver e compromisso com a justiça. O *Dô* ou *Tao*, o caminho para a verdade para a libertação. Assim, os conceitos se fundem e podem ser interpretados como: o Caminho para as ações de coragem na busca pela paz.

No livro Niju-Kun, Sensei Funakoshi elencou os vinte princípios do praticante de Karatê (Karatê-ka) que definem o karatê como *Bu-dô*:

1. O Karatê começa e termina com saudação;
2. Não existe primeiro golpe no Karatê;
3. O Karatê permanece do lado da justiça;
4. Primeiro conheça a si mesmo, depois conheça os outros;
5. O pensamento acima da técnica;
6. A mente deve ficar livre;
7. O infortúnio resulta de um descuido;
8. O Karatê vai além do *do-jo*;
9. O Karatê é para toda a vida;
10. Aplique o Karatê em todas as coisas;
11. O Karatê é como água fervente, sem calor retorna ao estado tépido;
12. Não pense em vencer, mas sim em não perder;
13. Mude de atitude de acordo com o adversário;
14. O resultado de uma batalha depende de como encaramos o vazio e o cheio (dos pontos fortes e dos fracos);
15. Considere as mãos e os pés do adversário como espadas;
16. Ao sair de casa você se depara com um milhão de inimigos;
17. *Kamae* (posição de prontidão para a luta) é para iniciantes, com o tempo adota-se a postura natural, ou *shizentai*;
18. Execute o *Kata* corretamente, o combate real é outra questão;
19. Não se esqueça de imprimir ou subtrair a força, de distender ou contrair o corpo, de aplicar a técnica com rapidez ou lentamente;
20. Mantenha-se sempre atento, diligente e capaz na sua busca do Caminho.

Hidetaka Nishiama (1928-2008), pioneiro do Karatê moderno, aluno do mestre Funakoshi e fundador da Federação Internacional de Karatê Tradicional – ITKF, em um de seus discursos definiu precisamente o *Bu-dô*:

> *"Ao longo dos séculos o Bu-dô tem procurado desenvolver os sistemas de artes marciais que não dependem de força física, mas sim, de técnicas mentais e físicas que maximizam a energia e o poder. A prática de Bu-dô aumenta a força mental, a escala e o nível de uma pessoa permitindo potencialmente que os praticantes controlem o oponente sem confronto físico. Bu-dô é fundamentado nas disciplinas que buscam a vitória sem luta."*

Ainda neste discurso, apresenta o Budô como Arte:

> *"As técnicas de Bu-dô são executados quando há "kyo" – uma flutuação mental e física sem defesa – ocorre em relação à um adversário entre os movimentos de um combate. Isso abre uma oportunidade para a interceptação, que só pode ser realizada por alguém treinado para detectar tais momentos. Para aproveitar esta pequena janela de oportunidade e de aplicar uma técnica, é preciso eliminar todos os movimentos desnecessários. O poder para uma técnica eficaz deve ser gerado por um movimento tão pequeno quanto possível. Movimentos perfeitos e sofisticados que atendam a estas condições são produtos da aplicação efetiva de um conjunto de conhecimentos e competências que é reconhecido como arte, e facilmente percebido pelo público."*

O momento adequado para a ação

Nos treinamentos baseados no *Bu-dô* o momento da ação é de extrema importância, extrapola os aspectos técnicos e exige do praticante uma perfeita compreensão da unidade do ser (corpo-mente-espírito) e do universalismo ao que pertencemos.

Existem três momentos ou oportunidades (em inglês timing) para um ataque:

- *GO NO SEM* - O contra-ataque ocorre após o início do movimento feito pelo oponente
- *TAI NO SEM* - O contra-ataque ocorre simultaneamente ao ataque
- *SEN NO SEM* - O contra-ataque ocorre no momento da intenção do oponente e não do movimento, é antecipado.

Existem algumas variações dos termos em japonês, no Aikidô encontramos GO NO SEN / SEN NO SEN / SENSEN NO SEN. Morihei Ueshiba, enfatizava que no Aikidô não existe ataque, atacar significa que o espírito já está perdido. Devemos aderir ao princípio da absoluta não resistência, não devemos nos opor ao atacante. Assim, não há oponente no Aikidô. Controlar o oponente sem tentar controlá-lo, ele se torna parte de você, uma parte que você controla (este texto foi extraído de uma entrevista de 1957, a verbalização desde conceito é muito difícil, desta forma a interpretação do texto requer muita reflexão).

Gichin Funakoshi ensinava que no Karatê não existe o primeiro ataque/golpe ou *"karate ni sente nashi"* (2º princípio).

Para compreender e aplicar o momento adequado, principalmente no SEN NO SEN, é preciso estar em um estado mental denominado MUSHIN (mushin no shin). É uma expressão Zen que caracteriza a mente vazia (ou mente sem mente). O grande monge budista Takuan Soho (1573-1645), conselheiro de inúmeros guerreiros e políticos (inclusive do Shogun Tokugawa e do imperador Go-Mizunoo) ensinava:

"A mente deve estar sempre no estado de fluxo, pois quando ela para em qualquer lugar, significa que o fluxo é interrompido e é essa interrupção que é prejudicial para o bem-estar da mente. No caso do espadachim, significa morte. Quando o espadachim está de encontro ao seu oponente, não deve pensar no adversário, nem em si mesmo, nem nos movimentos da espada do seu inimigo. Ele só fica ali com sua espada que, esquecida de toda técnica, está pronta para seguir os ditames do subconsciente. O homem se apagou como portador da espada. Quando ele ataca, não é o homem, mas a espada na mão do subconsciente do homem que ataca."

2 A Energia Vital – *Ki*

O conceito de energia vital é bem antigo e está presente em muitas culturas. Em japonês *Ki*, em chinês *Chi* e em sânscrito *Prana*, possuem praticamente a mesma definição: energia vital universal ou cósmica que permeia o todo. É uma energia metafísica que cria, permeia e sustenta todos os seres vivos.

A origem da palavra, ou significado etimológico na cultura chinesa, *Chi* (氣) vem da imagem do vapor (气) subindo durante o cozimento do arroz (米). Na medicina tradicional chinesa, o *Chi* é a energia que flui pelos canais (meridianos), e quando em desequilíbrio ou bloqueadas, causam todas as doenças.

Um aspecto muito interessante do Chi, é que para budistas e taoístas a matéria é uma projeção do Chi. Desta forma, a matéria seria uma ilusão (o mundo *Maya/Maiá* é uma ilusão). Isto, aliado a definição budista que o observador e o observado são um só (*Zazen*, sentar-se em silêncio e observar a si próprio), chamou a atenção de vários expoentes da física moderna pela semelhança com as bases fundamentais da teoria quântica.

Os indianos e os chineses desenvolveram métodos sofisticados para o desenvolvimento e o exercício do *Prana/Chi*, são técnicas extremamente antigas como a chinesa Qi Gong (Chi Kung) e a japonesa *Kiko*. Historiadores encontraram referencias de mais de três mil anos a exercícios respiratórios para o fortalecimento da energia vital. Outra referência comum é o *Tai Chi Chuan*, escola de *Wu-shu* conhecida como meditação em movimento. São baseadas nos princípios filosóficos do taoísmo e na observação da natureza, não só dos animais, mas também na interação dos elementos naturais (fogo, água, madeira, metal e terra).

O desenvolvimento da energia vital busca a harmonia, o *Ki* do corpo em sintonia com o *Ki* do universo. O estágio mais elevado, denominado de *furen shuten*, é obtido quando o corpo se torna completamente permeável ao *Ki* do universo.

No Karatê, o *Ki* está relacionado com atitudes corporais de contração e expansão do centro energético do corpo. Situado na região abdominal (*Hara*), abaixo do umbigo (*Tanden*), reservatório da energia vital, centro de gravidade. No Yoga, *swadhisthana* ou chakra esplénico.

O processo de contração e expansão dos músculos vai muito além do corpo físico, o relaxamento posterior à expansão promove o desenvolvimento da grande esfera de consciência da energia, cuja sensação se difunde no espaço. "Sente-se a sensação de tocar uma árvore distante, uma montanha ... o corpo se torna uno com o ar, se dissolve no meio em que estivermos". [Kenji Tokitsu]

Tanto no *Kendô* como no Karatê, o embate (combate no *Kendô* e defesa/contra-ataque no Karatê), é baseado no espaço projetado pelo *Ki*. Esta distância, corretamente utilizada, permite a conexão que nos faz perceber as intenções e sensações do oponente. Desta forma, o embate começa e termina com o *Ki*, ele define a estratégia a ser usada.

Nas tradições religiosas, existem também métodos para o desenvolvimento do *Ki*. O objetivo é potencializar a energia vital para meditações mais prolongadas e profundas. Segundo algumas tradições, a própria meditação proporciona o desenvolvimento do Ki, mas a maioria propõe métodos que envolvem esforço físico e muita resiliência. O método da "jornada de mil dias" é composto por diversos estágios que levam ao menos três anos: jornadas longas por terrenos montanhosos, orações e restrições alimentares. Este método leva os praticantes aos limites do ser físico e mental. A seguinte frase de um monge, nos dá uma bela imagem deste método: "... como eu comia muito pouco, minha mente e meu corpo se tornaram tão leves que se harmonizaram com o universo." [Kenji Tokitsu]

No hinduísmo, a energia vital é também denominada de *Shakti*. É um conceito mais lúdico, relacionado com os mitos relativos à criação do mundo. *Shakti* é a deusa mãe, a personificação da energia cósmica em sua forma dinâmica na qual o universo é criado, preservado, destruído e recriado pela trindade divina: Brahma, Vishnu e Shiva.

3 A mente oriental sob a ótica dos textos

Textos orientais

Estudar a mente oriental através de artes marciais, a princípio parece ser algo bem razoável, mas quando avançamos um pouco mais, percebemos que sem abordagem espiritual, filosófica, ética e cultural, além de incompleta, apresenta um certo paradoxo. Artes marciais por definição são associadas à guerra. A palavra "marcial" vem de Marte, o deus romano da guerra. Como podemos considerar este caminho de estudo para nos levar a compreensões tão complexas? Uma primeira pista vem facilmente ao conhecermos um verdadeiro praticante de artes marciais, são normalmente pessoas mais calmas e respeitosas. Mesmo sem um grande mestre com vasto conhecimento, praticantes podem ser desenvolvidos com este perfil. Esportes de maneira geral deixam as pessoas assim, esportes de luta mais ainda. A liberação da agressividade e do stress através de atividades físicas, a concentração e o enfrentamento das nossas limitações são a base destas manifestações. As artes marciais verdadeiras, quando praticadas de forma bem orientada, produzem modificações significativas nas pessoas. As rotinas de estudos e treinos, a consideração dos aspectos filosóficos e éticos, os rituais e os enfrentamentos que temos com nós mesmos, criam um contexto de aprendizado e descoberta. Em um *do-jô*, não há como não continuamente questionarmos a nós mesmos, as máscaras (personas) são dissipadas, somos o que realmente somos. É um caminho propício ao autoconhecimento, do respeito a si mesmo e ao próximo. Como veremos mais à frente, não considero o Karatê como arte marcial, mas sim como arte da paz, é por natureza defensivo, os movimentos são de defesa e contra-ataque, se não houver ataque, não há necessidade de qualquer ação. É por isso que, na minha opinião há uma grande diferença entre Karatê esporte e o Karatê verdadeiro, para o esporte o ataque é uma constante.

Neste momento, acho importante diferenciar o conceito de agressividade em relação à concepção ocidental e oriental. Mesmo do ponto de vista ocidental existem diferentes interpretações. Formalmente agressividade é definida como disposição para agredir ou provocar, mas temos algumas interpretações que criam a agressividade positiva, onde é considerada como energia que nos impulsiona a fazer algo. Esta energia, quando corretamente canalizada define a determinação que temos para atingir nossos objetivos. Desta forma, acaba sendo sinônimo de coragem e determinação. Esta visão positiva é obviamente pautada pelo respeito e empatia. Esta visão positiva é a base da interpretação oriental, creio que a diferença está na dinâmica, é uma estratégia pontual, não negativa, mas assertiva – demonstra segurança e autoconfiança.

Outro aspecto que podemos levar em consideração é relativo à nossa natureza animal, completamente presente no ser humano atual. Apesar de 300 mil anos de evolução do Homo Sapiens, mantemos nossa estrutura física e mental não muito diferente de como era no passado. Muitos estudiosos consideram que nossa evolução intelectual também não foi tão significativa nos últimos séculos, basta pensarmos em quanto é difícil para a grande maioria de nós compreender as ideias de Pitágoras (569 A.C.), Sócrates (469 A.C.) ou Platão (385 A.C.). Ou ainda, encontrarmos gênios da música como Beethoven (1.770 – 1.827) ou Mozart (1.756 – 1.791), matemáticos como Euclides (330 A.C. – 275 A.C), Arquimedes (288 A.C. – 212 A.C.), Newton (1.642 – 1.727), Leibniz (1.646 – 1.716) entre vários outros de séculos atrás. A natureza animal nos remete a formas de ação e reação que, dependendo do contexto, não mudaram nada em milhões de anos. Basta sermos submetidos a uma situação extrema para revelarmos rapidamente nossos aspectos e instintos mais primitivos. A iluminação ou a transcendência como muitos preferem falar, não reprime completamente estes instintos, mas nos faz controlá-los parcialmente.

A leitura de diversos textos nos traz algumas respostas, mas inclui uma série aparentemente infindável de dúvidas. Os clássicos chineses como *Tao Te Ching* (O Livro do Caminho e da Virtude, Lao Tse, (1.324-1.408 A.C.), *I Ching* (O Livro das Mutações, desenvolvido por diversos autores, surgiu antes da dinastia chinesa Chou, 1.150 - 249 A.C.), *O Segredo da Flor de Ouro* (baseado nos textos sagrados chineses, que não possuem uma data registrada de sua criação, mas considera-se que possuem mais de 3.000 anos). Os de estratégia: O *Livro dos Cinco Anéis*, de Myamoto Musashi (1.548-1.645), considerado um clássico de estratégia japonês, *Arte da Guerra*, de Sun Tzu (544-496 A.C.), o clássico de estratégia chinês, e *A Espada que dá Vida* de Yagyu Munenori (1.571-1.646), do maior rival de Musashi, também um clássico de estratégia japonês.

É importante ressaltar que quando me refiro a China, estou simplificando aspectos históricos e geográficos. A China como nação é algo mais recente, o mais correto seria utilizar Ásia, para incluir todas as nações, povos e comunidades desta parte do mundo que há séculos contribuem para a configuração do modelo mental oriental. Ressalto que a importância do estudo dos pensamentos orientais se baseia na unificação milenar de fé, religião, filosofia, política, cultura, medicina e artes marciais em torno de praticamente um único centro.

Os textos sobre Karatê, Kendô, Tai Chi Chuan, Judô, Aikidô, Kung-fu, bem como aqueles que descreviam técnicas de luta (com e sem armas) e os fundamentos ético-filosóficos, foram traduzidos, e normalmente chegaram ao português depois de pelo menos uma outra língua (francês e alemão, na sua grande maioria). Traduzir as línguas orientais, principalmente o chinês e o japonês, não é trabalho para qualquer um, muitas palavras não possuem correspondência e precisam ser interpretadas. Além disso, muitos ideogramas foram criados com base no contexto cultural da época. Ainda sobre o contexto social, cada autor viveu em um local e em uma época que são diferentes e distantes do momento da tradução e interpretação. Este aspecto, a meu ver influenciou muito a forma como os autores se expressaram, não necessariamente registraram da forma como realmente pensavam ou agiam – talvez aí resida a incompletude ou abordagem limitada que possuem.

Filosofia Oriental

Para uma compreensão mais profunda das filosofias orientais é necessário considerar que elas são essencialmente religiosas, com objetivos relacionados muitas vezes com experiências místicas, que não se dão segundo as leis naturais ou físicas. Em termos cronológicos e históricos, podemos dizer que com os *Vedas*, antigos textos sagrados indianos, produzidos provavelmente entre 1.500 e 500 A.C. deu-se início ao registro das filosofias orientais. Os *Vedas*, definiram a essência espiritual do Hinduísmo. Foram escritos por sábios anônimos chamados de videntes védicos, os *rishis*. Calcula-se que tenham cerca de 7.000 anos, sendo considerados os textos mais antigos da humanidade. São textos hinários subsidiados e complementados por um sistema ritualístico escritos muito tempo depois, os *Vedanta* e os *Upanishads*. Estes, definem os fundamentos filosóficos do hinduísmo. A base filosófica explicada nos Upanishads diz que Deus pode ser entendido de diversas formas, que cada pessoa se aproxima de Deus de uma maneira diferente, tem um caminho diferente. Diz ainda, que Deus existe como fagulha e como potencial dentro de tudo e de todos, afirma que esta essência divina pode ser acordada, despertada e aumentada. Este é o caminho do crescimento. Se encontrarmos esta fagulha divina e cuidarmos dela, com amor, bondade e intenção firme de fazer o bem, a fagulha cresce e vira uma fonte de luz. Desta forma, podemos contribuir com luz e bondade para mundo. Apenas a vontade de fazer isso não é o suficiente, com as práticas do *Yoga*, posturas (*asanas*) e exercícios de controle da respiração (*pranayama*) para que as energias fluam mais corretamente e nos guie na direção do crescimento e da iluminação. Uma maneira de compreender mais facilmente o pensamento filosófico e ético do hinduísmo é através dos ensinamentos definidos nos códigos registrados nos *Yamas* e *Niyamas* (também conhecidos como código de ética do *Yoga*). São essencialmente práticas ativas de consciência. Os *Yamas* referem-se às práticas relativas à nossa consciência e nossas interações (cultivo da harmonia com o exterior) e os *Niyamas* de autoconsciência e auto relacionamento (cultivo da harmonia interior). [SATYANATHA]

Os *Yamas* assim como o *Niyamas* são compostos por cinco práticas cada um:

Yamas: (1) *Ahimsa* – não resistência (na prática cria a não violência), (2) *Satya* – veracidade, alinhamento entre pensamento, palavras e ações (estar comprometido com o que é imutável), (3) *Asteya* – é a consciência de abundância, na nossa essência não falta nada (não ciúme, não inveja, não competição), (4) *Brahmacharya* – abstenção da entrega exagerada aos prazeres dos sentidos (que são por natureza fugazes e dispendiosos, (5) *Aparigraha* – desapego (não possessividade, não se apegar no nível da mente). [PATEL]

Niyamas: (1) *Saucha* – pureza, limpeza da mente e de nosso campo energético, (2) *Santocha* – ser feliz, com o sem razão (é o resultado da percepção de que felicidade é a nossa natureza), (3) *Tapas* – desapego e o sacrifício que se referem a nós mesmos (na prática, autodisciplina e resiliência), (4) *Svadhyaya* – autorreflexão, autoanálise e autoestudo (responsabilização pelos próprios pensamentos, palavras, ações e sentimentos, (5) *Ishvara pranidhana* – nos entregarmos ao divino (divino no sentido mais amplo, confiança de que a vida sempre cuidará de nós). [PATEL]

De uma forma cronológica, a partir dos textos védicos, o pensamento oriental teve inúmeras colaborações: os ideais filosóficos de Lao Tsé (século VI A.C.) registrados seu livro *Tao Te Ching - O Livro do caminho e da virtude*, e entre 600 A.C. e 350 A.C. Confúcio (551 A.C.) na China e Sidarta Gautama na Índia (480 A.C.). O Budismo só chegou ao Japão no século VI. Até então, os japoneses tinham como tradição espiritual o *Xintoísmo*. A denominação é derivada da palavra chinesa *Shinto,* "Caminho dos Deuses". Neste período, o budismo e o xintoísmo se fundiram, mas sob a égide do budismo. Entre os séculos XVI e XVII ocorreu o renascimento da cultura japonesa, até então com profunda influência estrangeira. O budismo começou a perder sua influência e o xintoísmo passou a ser aclamado como religião oficial do Japão.

A obra de Lao Tsé é muito simbólica e de difícil compreensão, é a base da filosofia taoísta. Segundo Lao Tsé, "o *Tao* não pode ser descrito, mas viver uma vida virtuosa é agir de acordo com o Tao". Não é possível filosofar sobre o *Tao*, pois ele vai além da capacidade humana de concepção. Só podemos viver segundo o Tao através do "não-ser" e da "não-ação": agir de acordo com a natureza, de forma espontânea e intuitiva, sem desejo, ambição ou submissão às convenções sociais. [BUCKINGHAM]

A obra de Confúcio (Os Anacletos, textos compilados por seus discípulos) é um amplo sistema ético, que considera aspectos sociais e políticos. Tem como base a fidelidade e a sinceridade, motores poderosos para a criação de seres virtuosos. Pregava o poder da benevolência, argumentando que governar pelo exemplo e não pelo medo inspiraria as pessoas a seguir uma vida virtuosa. O mesmo deveria ser aplicado a todos os relacionamentos.

Sidarta Gautama, ou Buda (o iluminado), não se preocupou com as questões irrespondíveis da metafísica. Suas reflexões eram no sentido do objetivo da vida: felicidade, virtude e vida correta. Seus ensinamentos só foram registrados 400 anos depois de sua morte no *Tripitaka* (três cestos). Gautama criou a ideia de "caminho do meio", onde há o equilíbrio entre a indulgência sensual e o asceticismo. Ele percebeu que o sofrimento além de ser universal e parte integral de nossa existência, é causado pelas frustrações de nossos desejos e expectativas. Estes desejos são os nossos "apegos", e a eliminação destes é a solução para uma vida feliz com paz de espírito. Para nos livrar dos apegos precisamos renunciar não só as coisas que desejamos, mas também do vínculo com aquilo que deseja: o "eu" (ego). A chave para isso é a compreensão de que fazemos parte de um todo, o "não-eu eterno", e não a noção de ser um "eu" único egocêntrico.

"Buda não estava interessado em satisfazer a curiosidade humana acerca da origem do mundo, da natureza do Divino ou questões deste gênero. Ele estava preocupado exclusivamente com a situação humana, com o sofrimento e as frustrações dos seres humanos. Sua doutrina não era metafísica; era uma psicoterapia. Buda indicava a origem das frustrações humanas e a forma de superá-las. Para isso, empregou os conceitos indianos tradicionais de *maya, karma, nirvana,* etc., atribuindo-lhes uma interpretação psicológica renovada, dinâmica e diretamente pertinente." [CAPRA]

Buda se expressava através das **Quatro Verdades Nobres**:

1ª Verdade Nobre – A frustração ou o sofrimento (*duhkha*) é resultado da nossa incapacidade de compreender o fato básico da vida: tudo o que nos cerca é impermanente ou transitório. Todas as coisas surgem e vão embora. Quando resistimos ao fluxo da vida e nos apegamos às formas fixas (*mayas* – coisas, fatos, pessoas, ideias) o sofrimento vem à tona. Um EU individual e isolado não existe (outra forma de *maya*), é uma ilusão, um conceito intelectual desprovido de realidade, e o apego à ele, nos leva à frustração.

2ª Verdade Nobre – É a causa do sofrimento ou sede (*trishna*), ou a insaciabilidade dos desejos humanos. O apego fútil à vida baseado em um objetivo ou ponto de vista errado (chamado de *avidya* – ignorância"). Esta visão incorreta, causa a percepção distorcida do mundo, dividido em coisas individuais, separadas. "Enquanto prevalecer esta visão, estaremos fadados a experimentar frustração em cima de frustração. Tentando apegar-nos a coisas que presumimos permanentes e persistentes, mas que estão em contínua mudança, caímos na armadilha de um círculo vicioso onde cada ação gera uma nova ação e a resposta a cada indagação propõe novas indagações. Este círculo vicioso é conhecido por *samsara*, o ciclo de nascimento e morte impelido pelo *karma*, a cadeia infindável de causa e efeito."

3ª Verdade Nobre – O sofrimento e a frustração podem chegar a um fim. É possível transcender o círculo vicioso do *samsara*, livrar-se do *karma* e alcançar um estado de libertação total denominado de *nirvana*. O nirvana é um estado de consciência além de todos os conceitos intelectuais, desafia quaisquer descrições. Atingir o nirvana é atingir o "despertar" ou "estado de Buda".

4ª Verdade Nobre – É a prescrição de Buda para extinguir todo o sofrimento, o "Caminho Óctuplo" do autodesenvolvimento. As duas seções iniciais deste caminho se referem a **visão correta**, descrita na segunda verdade. As quatro seções seguintes tratam das **ações corretas**, estabelece as regras para uma vida budista. As duas seções finais se referem à **consciência correta** através da meditação correta, descrevem a experiência mística direta da realidade, na verdade, seu objetivo final.

A 4ª Verdade Nobre caracteriza o Zen Budismo, que utiliza a prática da meditação sentada (*zazen*) e a necessidade fundamental da experiência mística direta da realidade para a libertação através da observação da própria mente. A libertação não é uma experiência individual, mas inclui todos os seres, toda a vida, todo o universo.

A figura do monge budista *Bodhidharma* está intimamente ligada a criação das artes de luta chinesas e japonesas, desde as bases para a criação do *Shaolin Quan* (*kung fu*) até o *Karatê de Okinawa*. É conhecido pela prática de "olhar a parede" com "aquietação da mente" como processo meditativo. *Bodhidharma* assim como Buda, era praticante de *Vajra mushti* e Kalarippayattu, provavelmente as artes de defesa pessoal mais antigas que existem.

O Budismo, após a morte de Buda, seguiu dois caminhos diferentes: um ortodoxo, que se mantém fiel aos ensinamentos originais, denominado de *Hinayana*, e um mais flexível denominado de *Mahayana*. A intenção de Buda não foi a de criar uma doutrina em um sistema filosófico consistente. Isto fica claro na ênfase sobre a impertinência de todas as "coisas", não acreditava em uma autoridade espiritual, somente na indicação de um caminho para a iluminação, ou estado de Buda. Cada indivíduo, através de seus próprios esforços, deveria percorrê-lo até o fim. No seu leito de morte, suas últimas palavras são a evidência mais profunda do seu modo de pensar e agir:

"O declínio é inerente a todas as coisas compostas. Empenhai-vos com diligência."

Desta forma, o Budismo Mahayana continuou o seu desenvolvimento se atualizando constantemente, tendo como apogeu na escola *Avatamsaka*. Esta escola se baseia no *sutra* (escrituras canônicas, também significa costurar) de mesmo nome: *Avatamsaka-sutra* (A Escritura da Guirlanda de Flores, na sua tradução mais comum). Segundo um dos maiores estudiosos do Budismo, Daisetso Teitaro Suzuki (Japão, 18/10/1.870 – 12/07/1.966) este *sutra* é "a fonte eterna da vida, de onde nenhuma mente religiosa retornará sedenta ou parcialmente saciada." [SUZUKI]

O *Avatamsaka-sutra* é uma obra grandiosa, suas traduções para línguas ocidentais possuem cerca de 1.600 páginas e foi produzido entre o século I A.C. e o século IV D.C. Serviu de base para a criação das filosofias budistas chinesas e japonesas, *Hua-yen* e *Kegon* respectivamente. Seu tema central é a unidade e a inter-relação entre todas as coisas e como a realidade aparece para um ser iluminado. Possui uma série de descrições suntuosas da interexistência de todos os fenômenos.

Textos e pensamentos ocidentais

Os filósofos ocidentais definiram inicialmente dois lados para a obtenção do conhecimento, da verdade: o Racional e o Empírico.

Platão (428-348 a.C.) (incluindo Sócrates seu mentor e Aristóteles seu aluno) e René Descartes (1.596-1.650) eram dualistas e racionalistas. Os dualistas defendem a proposição de que existem duas realidades completamente diferentes agindo sobre o mesmo ponto – são componentes que não encontram um caminho em comum a seguir. Descartes fez a relação do espírito (substância imaterial) à consciência e concebeu o cérebro (substância material) como suporte da inteligência. Assim, o dualismo corpo-mente considera corpo e mente separáveis. Os racionalistas pregavam a confiança na razão a fim de se chegar à verdade. Já os empiristas defendiam que o conhecimento só pode ser obtido através da experiência.

Immanuel Kant (1.724-1.804) com sua obra "Crítica da Razão Pura", inaugura a terceira via, nem racionalista nem empirista. Ele chama esta via de Criticismo, que de maneira simples pode ser entendida como a união das duas, mas a crítica maior é em relação ao uso especulativo da razão. Kant afirma que existem dois mundos: o mundo da experiência sentida pelos nossos corpos e o mundo das coisas em si, combinando assim o racionalismo com o empirismo. Colocou a intuição como aspecto fundamental para a obtenção do conhecimento, e esta é obtida a partir da sensibilidade direta do mundo.

Blaise Pascal (1.623-1.662) com sua famosa frase "O coração tem razões que a própria razão desconhece" resume sua doutrina filosófica. Pascal escreveu "A imaginação dispõem de tudo: ela produz beleza, justiça e felicidade, que é a maior coisa do mundo", pode parecer um elogio, mas é uma crítica, pois para ele, na maioria das vezes a imaginação leva ao equívoco. Afirmou que os elementos básicos e não excludentes do conhecimento são a razão e a emoção. A razão centrada no lógico, no exato e no passível de representação formal (escrita e discursiva) e a emoção, intuitiva, transcendente do mundo exterior.

Estruturas ocidentais para o universo – A Ciência da Religião

É interessante conhecer algumas das ideias de pensadores ocidentais sobre a estrutura do universo, a maioria sempre foi baseada em uma mistura de ciência e religião. A ciência até o século IX, através da observação e da representação matemática da movimentação dos corpos celestes, limitada ao poder que tínhamos para ver o céu – ficamos enclausurados no sistema solar. A religião sempre foi além, mas dominada por dogmas e doutrinas que muitas vezes limitavam a percepção e entendimento do universo – origem e dinâmica. Com a evolução da ciência, notadamente na nossa capacidade de ver o céu, segredos foram revelados, galáxias, outros sistemas solares, expansão do universo, buracos negros e finalmente um começo de tudo, o *Big Bang*. O ser humano deixou de ser efetivamente o centro do universo.

A contribuição de Albert Einstein (1.879 – 1.955) e suas teorias da Relatividade, Restrita (1.905 – a influência dos observadores nas leis da física) e Geral (1.915 – teoria geométrica da gravitação), bem como a teoria quântica formulada inicialmente por Max Planck (1.858 – 1.947) e o próprio Einstein, nos permitiu uma expansão de nossa capacidade de compreender o mundo. E este mundo era muito diferente do qual os ocidentais estavam acostumados. Para os orientais, parece que não foi uma grande novidade, no livro do físico teórico Frijof Capra, "O Tao da Física" (1.975), ele faz um belíssimo paralelo entre a física moderna e o misticismo oriental. Na frase de epílogo do livro, "A ciência não precisa do misticismo e o misticismo não precisa da ciência, mas o ser humano precisa de ambos", ele resume bem a natureza e a intenção de sua obra.

Gottfried Wilheim Leibniz (1.646-1.716) e o padre jesuíta Pierre Teilhard de Chardin (1.881-1.955), desenvolveram ideias de estruturas de universo muito curiosas, que refletem uma preocupação em ir além da realidade observável da época.

Leibniz criou a Monadologia, onde expôs suas ideias de unidade, nelas resume a concepção do homem como uma expressão do microcosmo do macrocosmos. Leibniz afirma: "Todo corpo reage a tudo o que acontece no universo, de tal sorte que, se alguém pudesse perceber tudo, poderia ler em cada coisa o que está acontecendo em toda parte, e até mesmo o que já aconteceu e o que acontecerá."

Teilhard de Chardin criou uma representação esquemática do processo de evolução baseado em uma sucessão de esferas. Partindo do centro com a barisfera (núcleo metálico terrestre), e avançando para a litosfera (rochas), hidrosfera (água), atmosfera (ar), biosfera (vida) e culminando na noosfera (pensamento ou espírito humano). A noosfera é um invólucro imaterial em torno de todo o material. "Pode-se concebê-lo como composto de partículas de consciência humana, ou centelhas que se erguem das experiências da psique humana. Desta forma, a noosfera não existia antes do ser humano no cenário evolutivo".

Jung e o pensamento oriental sob a ótica ocidental

Uma compreensão mais confortável sobre os textos orientais sob a ótica ocidental, podem ser obtidos nos textos do psiquiatra austríaco Carl Gustav Jung (1.875 – 1.961) e do sionista alemão Richard Wilhelm (1.873 – 1.930). Wilhelm fez tradução do *I-Ching* e do Segredo da Flor de Ouro, com comentários e interpretações de Jung. Na verdade, este conforto, veio do esforço de compreender as ideias de Jung através de seu trabalho na criação da Psicologia Analítica. A intenção era a de encontrar sentido nas ideias de Jung para compreender o pensamento oriental. Os conceitos de Inconsciente Coletivo, Arquétipos e Símbolos foram importantes para eu iniciar um novo caminho de estudo. Longe de me tornar um especialista, naveguei na superfície de algumas das ideias de Jung para encontrar significado em várias dúvidas que me afligiam. Por sorte, esta superfície se mostrou bastante significativa para respostas a várias de minhas perguntas.

As conexões vieram das minhas práticas do karatê, e não das minhas leituras dos textos e livros.

Nos textos do psiquiatra austríaco Viktor Emil Frankl (1.905 – 1.997), criador da Logoterapia (Terceira Escola Vienense de Psiquiatria), encontramos reflexões que nos ajudam na aproximação com as ideias orientais e também a compreender um pouco melhor Jung. A busca do sentido de vida e a tríade corpo-mente-espírito. No seu livro mais famoso, Em Busca de Sentido (1984), a frase: "Não procurem o sucesso. Quanto mais o procurarem e o transformarem num alvo, mais vocês vão errar. Porque o sucesso, como a felicidade, não pode ser perseguido; ele deve acontecer, e só tem lugar como efeito colateral de uma dedicação pessoal a uma causa maior que a pessoa, ou como subproduto da rendição pessoal a outro ser", nos remete ao princípio do Tao. A tríade corpo-mente-espírito, considera o homem uma totalidade trinária e tridimensional, com expressão psicológica, biológica e espiritual. Pra Viktor Frankl como seres tridimensionais, ter consciência destas três dimensões, se faz necessário para constituir um todo coerente e harmônico. Quando identificamos cada dimensão do nosso corpo e compreendemos a importância de mantê-los em harmonia, como uma orquestra com vários instrumentos que se mantem em consonância, percebemos o resultado satisfatório por assegurarmos como um ser integral. Nossa caminhada existencial começa a partir do autoconhecimento e autoconsciência de que somos seres Bio-Piso-Espirituais, únicos na diversidade e singulares na existência [FRANKL].

Estaremos saudáveis se nosso corpo, nossa mente e nosso espírito estiverem saudáveis. Apesar de nosso espírito não adoecer, ele pode ser negligenciado, e este desequilíbrio, causa infelicidade. Nas palavras de Frankl, "... a vida nunca cessa de ter sentido" e "... a vida se mantém sempre cheia de sentido, sob quaisquer condições, ... mesmo trágicas, negativas, como sofrimentos inevitáveis" também encontramos relações próximas com os princípios do Tao. É muito importante entender, que para Frankl (e muitos outros) a dimensão espiritual não tem nada a ver com religiosidade. Religião pode ser considerado um mito (uma narrativa simbólica e imagética), que através de sistemas culturais e crenças criam visões de mundo e fazem a relação entre a humanidade e a espiritualidade. Uma vez perguntado qual era o futuro das religiões, Frankl respondeu que acreditava que seriam individuais, cada ser humano com a sua própria.

Sigmund Freud (1.856-1.939) criou o conceito de estrutura psíquica formada pelo consciente e o inconsciente, Jung o inconsciente coletivo e Frankl o inconsciente espiritual. Desta forma, nosso inconsciente é formado pelo inconsciente pessoal, coletivo e espiritual.

O inconsciente coletivo é formado por elementos que herdamos e não de experiências individuais. Esta herança vem da família e de pessoas que compuseram a sociedade de nossos antepassados (nossos ancestrais, antecessores humanos, pré-humanos e animais). Jung definiu o inconsciente coletivo como a parte mais profunda da nossa mente, onde guardamos as ideias pré-concebidas que definem nossos comportamentos, sentimentos e impressões que não conseguimos controlar. Para ele, nossos sonhos são uma manifestação deste inconsciente. É nele que estão as "imagens primordiais" ou arquétipos, que são entendimentos básicos da condição humana e do conhecimento coletivo. Os arquétipos se originam da repetição contínua de uma mesma experiência por várias gerações. Assim, podem ser considerados como estruturas psíquicas comuns a todos nós e que herdamos de nossos antepassados. Elas influenciam a forma como experienciamos o mundo. No inconsciente coletivo que armazenamos os símbolos, que são manifestações dos arquétipos – segundo Jung "a possibilidade inata de representação que dirige a atividade imaginativa do ser humano".

As funções orgânicas também são inconscientes, não temos controle ou consciência do nosso sistema cardiorrespiratório, por exemplo. Não temos controle sobre a respiração ou batimentos cardíacos. Também não controlamos nossos sentidos, não podemos escolher o que queremos ouvir ou se sentimos frio ou calor.

É importante conhecer um pouco da definição da estrutura psíquica feita por Jung e Frankl para podermos avançar na compreensão do modo de pensar oriental. O inconsciente coletivo e o espiritual são as chaves para isso, ele faz a conexão entre todos os seres humanos.

Jung e os textos chineses – O Segredo da Flor de Ouro

Na concepção taoísta, todas as coisas estão conectadas através de uma energia unificadora do universo. Esta é a grande diferença em relação ao pensamento ocidental fragmentado, para os orientais tudo está conectado por uma rede universal. Em relação aos tipos e funções psicológicas, os orientais são introvertidos e os ocidentais extrovertidos, os orientais observam e os ocidentais celebram. O extrovertido olha para fora e o introvertido para dentro, e dentro de um contexto religioso o ocidental procura Deus fora e o oriental a busca é dentro de si. Esta dinâmica se estende para as outras necessidades, como autoconhecimento e sentido de vida.

O núcleo da filosofia taoísta é a meditação, "O segredo da flor de ouro" é uma obra sobre meditação, extremamente simbólica aonde as metáforas nos levam no caminho do despertar, a abrir nossa consciência na direção da Luz, uma abertura primordial simbolizada pela flor dourada. A filosofia taoísta afirma que existe uma energia espiritual que transcende a todos nós, uma luz simboliza nossa consciência. Através da meditação e de exercícios despertamos esta luz (nossa flor de ouro), isto é chamado de alquimia energética. O objetivo é a produção da "vida consciente" através da união da essência com a vida (essência e consciência são permutáveis) – segundo Jung:

> *"Se compreendermos o Tao como método ou caminho consciente, que deve unir o separado, estaremos bem próximos do conteúdo psicológico do conceito", ou como dizem os chineses: "a realização do Tao".*

Uma das pistas para entender o pensamento oriental está no motivo da imensa dificuldade de tradução dos textos chineses, pois o autor chinês começa partir do centro, do conhecimento mais profundo, o último a ser obtido. A definição do Tao é um bom exemplo, o texto começa assim:

> *"O que existe por si mesmo se chama Tao ... O segredo mais sutil do Tao é a essência e a vida".*

O segredo da flor de ouro, é fundamentalmente uma obra destinada a orientar o caminho do ser humano em direção a si mesmo (self - inconsciente), i.e. o processo de individuação.

O termo "individuação", denota o processo em que uma pessoa se torna uma unidade indivisível, ou um todo, não exclui o mundo, mas aproxima o mundo ao indivíduo.

Jung definiu a "participação mística", como sendo o poder que as coisas (bens materiais, pessoas, relacionamentos, posições sociais e profissionais) tem sobre nós. No caminho da individuação vamos nos libertando desta participação mística, criando uma característica:

> *"Esta característica de plenitude descreve um estado anímico que talvez se pudesse caracterizar melhor como um desprendimento da consciência em relação ao mundo e como a retirada da mesma para um ponto por assim dizer extramundano. Tal consciência está ao mesmo tempo vazia e não-vazia. Ela não se encontra mais preocupada, preenchida com as imagens das coisas, mas apenas as contém."*

Este desprendimento, reposicionamento e distanciamento da consciência das coisas não significa um isolamento. Mas uma visão superior, sem contaminação. O resultado, segundo Jung é:

> *"A abundância anterior do mundo, imediata e premente, nada perdeu de sua riqueza e maravilha, mas não domina mais a consciência. O apelo mágico das coisas cessou, porque se desenredou o entrelaçamento originário da consciência com o mundo."*

A consciência nesse estado pode ser comparada a um lago, reflete tudo mas não contém nada.

Completa com:

> *"Não sendo o inconsciente mais projetado*, desaparece a participação mística, originária com as coisas. Por este motivo, a consciência não é mais dominada por intenções compulsivas, passando a contemplar, tal como exprime de um modo tão belo o texto chinês."*

* Nossos desejos são as projeções das coisas. É mais fácil entender a projeção como sendo coisas que não gostamos em alguém, mas na verdade são coisas nossas projetadas neste alguém. Na frase de Jung, a projeção é do inconsciente sobre o consciente.

Como chegar a este ponto de consciência elevada, onde podemos observar tudo mais claramente?

No texto chinês, encontramos a plenitude através do *Movimento Circular da Luz*, deixar a Luz fluir para alimentar a semente da flor de ouro. É uma reflexão simbólica que pode ser interpretada como deixar a vida seguir seu rumo e aceitar as experiências como elas são.

Uma passagem do clássico poema épico indiano, *Ramayana* nos ajuda a visualizar:

> " ... uma folha que se curva diante do vento, jamais será arrancada por ele".

Tudo na vida tem um sentido ou um propósito, aceite o fluxo natural da vida, não resista.

O Movimento Circular da Luz não ocorre espontaneamente, há a necessidade de muito esforço, temos que atingir os limites dos nossos elementos potenciais, dar o melhor de nós em tudo: mais disciplina, mais ordem, mais sensibilidade, mais empatia, mais intuição, mais compaixão. Com isso dissipamos as tensões que geram fugas, que desobrigam a semente da luz nascer.

> *"Quando as ocupações se nos propõem devemos aceitá-las; quando as coisas acontecem em nossa vida, devemos compreendê-las até o fundo. Quando, mediante os pensamentos corretos, os assuntos são postos em ordem, a luz não é manipulada pelas coisas externas, mas circulará segundo sua própria lei. Deste modo, se estabelece o até então invisível movimento circular da luz."*

> *"Quando se cuida de sua transformação, mesclado ao mundo, mas em concordância com a luz, o redondo é redondo e o anguloso é anguloso; vive-se então no meio das pessoas, secretamente manifesto, diferente mas igual, e ninguém pode avalia-lo; ninguém percebe, pois, nossa secreta mudança. O caráter vivo do movimento circular da luz significa viver misturado com o mundo e, no entanto, em sintonia com a luz."*

Viver no mundo, mas não participar dos valores do mundo. É como a flor de Lótus, representa a beleza e o distanciamento, pois cresce sem se sujar nas águas que a envolvem: a raiz está na lama, o caule na água e a flor no sol. Para o Budismo, a flor de Lótus simboliza o crescimento espiritual representado por aquela que surge da obscuridade para desabrochar em plena luz.

Para Jung, a plenitude, a realização, o despertar da Flor de Ouro, é o nascimento do inconsciente no consciente. Todas as tensões geradas pelo inconsciente são dissipadas. Nas suas palavras "Não sou eu que vivo, mas sou vivido".

"Em certo sentido, trata-se de sentir que somos "substituídos", sem ser "destituídos". É como se o rumo dos assuntos da vida se deslocasse em direção a um lugar central e invisível."

Assim, a atenção da vida não está mais voltada para fora, mas para nosso centro, para nós mesmos.

"Vejo nesta experiência impressionante uma consequência do desprendimento da consciência, graças ao qual o "eu vivo" subjetivo se transforma no objetivo "sou vivido". Esta situação é experimentada como algo superior em relação à primeira; é realmente como que um libertar-se da compulsão e da responsabilidade absurdas, que são consequências inevitáveis da participação mística."

Jung e os Símbolos

Para Jung, a conexão com o todo e a união dos opostos não é uma questão racional e muito menos de vontade, mas um processo de desenvolvimento psíquico. Do ponto de vista histórico, este processo sempre foi representado através de símbolos: produtos das fantasias espontâneas e se concentravam progressivamente em torno de formações abstratas. "Quando as fantasias tomam a forma de pensamentos, emergem formulações intuitivas de leis ou princípios obscuramente pressentidos, que logo tendem a ser dramatizados ou personificados" [O segredo da flor de ouro].

A flor de ouro é um símbolo mandálico.

Se as fantasias forem desenhadas, aparecem símbolos que pertencem principalmente ao tipo do "mandala"

Mandala em sânscrito significa círculo, particularmente círculo mágico. Pode ser definido como uma manifestação artística da relação do homem com o universo. Estão presentes em praticamente todas as culturas com ou sem relação religiosa. Esta manifestação pode ser através de desenhos ou danças (na Índia, mandala *nritya*), sempre circulares. Para Jung, a Mandala significa um suporte para a transformação e crescimento interno e externo no indivíduo para alcançar a totalidade. A flor de ouro é um símbolo mandálico.

Jung utilizou a mandala em processos terapêuticos:

> *"Quando meus pacientes projetam tais imagens, não o fazem sob sugestão; elas ocorriam muito antes que eu conhecesse seu significado ou suas relações com as práticas do Oriente. Essas imagens brotam espontaneamente de duas fontes. Uma delas é o inconsciente, que produz de modo natural fantasias dessa espécie. A outra fonte é a vida que, quando vivida com plena devoção, proporciona um pressentimento do si - mesmo, da própria essência individual. Ao expressar-se esta última nos desenhos, o inconsciente reforça a atitude de devoção à vida. De acordo com a concepção oriental, o símbolo mandálico não é apenas expressão, mas também atuação. Ele atua sobre seu próprio autor. Oculta-se neste símbolo uma antiquíssima atuação mágica, cuja origem é o "círculo de proteção", ou "círculo encantado", cuja magia foi preservada em numerosos costumes populares".*

Para Jung, os símbolos são de extrema importância:

> *"É necessário contar com a magia dos símbolos atuantes, portadores das analogias primitivas que falam ao inconsciente. Só através do símbolo o inconsciente pode ser atingido e expresso; este é o motivo pelo qual a individuação não pode, de forma alguma, prescindir do símbolo."*

I-Ching e a Sincronicidade de Jung

Mais uma vez recorremos a Jung para nos ajudar a entender os textos chineses. O *I-Ching*, citado anteriormente, ou o "Livro das Mutações", se não visto pela ótica junguiana, pode parecer somente como uma curiosidade.

O estudo da Sincronicidade de Jung é uma espécie de amálgama de boa parte do que precisamos para compreender o pensamento oriental da unidade e dos opostos que se complementam. Nele, todos os conceitos citados anteriormente se fundem para eliminar a primazia da causa e efeito.

O filósofo David Hume (1.711-1.776) demonstrou pela lógica que a causalidade não é uma coisa que realmente vemos, mas um reflexo que atribuímos aos eventos. A causalidade pode ser descrita historicamente como um "hábito social do pensamento". Com este argumento, que para muitos pode não ser muito convincente, aliado ao fato de que existem muitas coisas que não conseguimos racionalizar, podemos considerar que a causalidade é apenas parte de um todo. A outra porção é percebida por experiências sincrônicas que revelam uma dimensão da experiência humana que vai além do âmbito explicado pelo raciocínio convencional de causa e efeito.

A base da psicologia analítica, criada por Jung, é fundamentada no processo de individuação, do autoconhecimento profundo. De forma simplificada, podemos considerar que é resultado da integração e aceitação do consciente (ego) e do inconsciente. Sempre lembrando que o inconsciente é formado pelo pessoal e o coletivo. Outro conceito importante para compreender a sincronicidade é a noção de realidade. A realidade para Jung é subjetiva e está somente no nosso consciente. A realidade é composta por percepções individuais, cada um cria a sua própria realidade, vivemos representações e projeções. O mito da caverna de Platão, ilustra bem esta ideia. Para Jung "nós não vemos o mundo como ele é, mas como nós somos".

O *I-Ching* pode ser definido como um manual de adivinhações, mas para uma obra que está entre as mais antigas da humanidade, é uma definição que não chega nem perto da sua importância. "É um dos primeiros esforços da mente humana de se localizar no universo" [Da Liu]. Ele ensina de forma simbólica a aplicação prática da filosofia oriental baseada no yin-yang. Este princípio único, aplicado a tudo, sutil e profundo, deu origem à teoria dos elementos chineses do *I-Ching*.

Yin e *yang* são as duas mãos do infinito que animam e destroem tudo no universo. Desde as galáxias até os átomos, o Princípio Único se manifesta. O universo é povoado por oscilações das duas forças, *yin* e *yang*, tudo é feito de combinações múltiplas e variadas delas através da polarização da energia cósmica fundamental de *Ta* (Deus). Nada é totalmente yin ou totalmente *yang*, com o tempo *yin* se transforma em *yang* e *yang* se transforma em *yin*. [BLOFELD]

No *I-Ching* a ordem do universo é governada por sete leis que constituem a lógica universal:

1. Tudo que tem um começo tem um fim;
2. Tudo que tem uma face tem um dorso;
3. Não existe nada completamente idêntico;
4. Quanto maior é a face, maior é o dorso;
5. Todos os opostos são complementares;
6. Yin e yang são as classificações de todas as polarizações, são opostos e complementares;
7. Yin e yang são os dois braços do todo, que é infinito.

A sincronicidade tem uma contribuição importante no esclarecimento e compreensão profunda das diversas técnicas de abordagem da experiência humana, tal como o *I-Ching*, Tarô, Astrologia e o Livro Tibetano dos Mortos. Não podem ser abordados pela "luz árida da ciência". O interesse de Jung pelos métodos e preceitos esotéricos baseava-se na sua percepção aguçada de que, de algum modo obscuro, eles expressavam o "subterrâneo" das experiências humanas. Todos estes preceitos e métodos eram "verdadeiros", no sentido que traziam uma percepção da realidade oriunda dos níveis não-conscientes e intuitivos da psique. Não eram verdadeiros e si mesmos, enquanto descrições da realidade, mas sim descrições da paisagem interior, e nessa condição verdadeiros enquanto percepções simbólicas de uma dimensão da realidade que só pode ser alcançada indiretamente. [IRA PROGOFF]

O conceito central na definição de sincronicidade é expresso na seguinte frase de Jung:

"A sincronicidade considera a coincidência de eventos no tempo e no espaço como significando algo mais do que o mero acaso".

38

O uso do termo "co-ocorrência" ao invés de coincidência, talvez seja mais sugestivo. Os eventos ocorrem ao mesmo tempo sem que nenhum dos dois tenha efeito sobre o outro, mas estão relacionados de forma significativa.

Um exemplo: Suponha que você estivesse preocupado com um determinado problema e que não tivesse contado a ninguém que estivera pensando nele. Neste exato momento, você recebe a visita de alguém por motivos totalmente independentes e sem nenhuma relação com seu problema. A conversa prossegue de acordo com a finalidade da visita até que, de repente e sem qualquer propósito quando não se estava absolutamente discutindo o assunto, a outra pessoa faz um comentário que lhe dá a solução que você estiver procurando.

É perfeitamente correto dizer que se trata de uma coincidência, mas para ser exato, uma coincidência significativa.

Jung ficou bastante impressionado com as interpretações do *I-Ching*. Chegou à conclusão de que é impossível aprender por meio do intelecto a "razão" que há por trás do *I-Ching*, mas que, não obstante, ele funciona na prática quando o abordamos com um espírito correto. As interpretações do *I-Ching* parecem implicar uma participação no fluxo dos eventos que consegue, de algum modo, refletir os fatores causais de tempo e individualidade. [IRA PROGOFF]

Do ponto de vista prático, o *I-Ching* é um manual de adivinhações. São usadas varetas ou moedas, com as varetas o processo é mais complicado. São 50 varetas de caule de milefólio ou bambu. Uma delas é reservada para assumir o papel de vigilante. As restantes são separadas e divididas em um processo que se repete algumas vezes. É fundamental que durante todo este processo o consulente se concentre profundamente na pergunta e no que está relacionado com ela.

O resultado final é uma certa quantidade de varetas em uma configuração de seis linhas contínuas e interrompidas. As três primeiras linhas representam os trigramas superiores e as demais os inferiores. Por exemplo, com as três superiores sendo contínuas, temos o trigrama superior Céu. Para as demais como interrompidas, o inferior é Terra. Esta combinação nos leva ao hexagrama 12.

Hexagrama 12 (três linhas contínuas e três interrompidas) [BLOFELD]

Símbolo: Representa o céu e a terra separados um do outro. Para conservar sua virtude, o Homem Superior se recolhe para dentro de si mesmo e assim escapa das más influências que o cercam. Ele resiste a todas as tentações de glória e riquezas.

Texto: Estagnação ou obstrução causada por pessoas mal-intencionadas. Apesar do mau presságio, o Homem Superior com persistência não deve se abater. Os grandes e bons declinam, os maus se aproximam.

Interpretação ou comentário do texto: As forças celestiais e terrestres estão desunidas e que tudo está fora de comunhão. *Yin*, o princípio escuro, está do lado de dentro. *Yang*, o princípio luminoso, está do lado de fora. Os homens maus estão no centro das coisas e o Homem superior na periferia.

Como se pode ver, os textos são muito simbólicos e precisam de muita reflexão, mente aberta e livre de qualquer tipo de preconceito. Como o Jung falou, precisamos do espírito correto para que funcione.

Tao Te Ching

Para compreendermos os textos e concepções orientais, o *Tao* é a base. Não há como entender o *I-Ching* ou o *Segredo da Flor de Ouro* sem referências ao *Tao*. É uma espécie de manual simbólico da filosofia e metodologia do desenvolvimento pessoal oriental.

Nos textos do livro O segredo da Flor de Ouro, o Tao se apresenta como algo central, mas indefinível. Para o pensamento racional ocidental, algo que não pode ser definido não deveria existir.

A seguir o capítulo 1 da tradução feita por Wu Jyh Cherng, diretamente do chinês para o português. Nos dá uma boa ideia do simbolismo e a dificuldade de interpretação:

> *O caminho que pode ser expresso não é o Caminho constante*
> *O nome que pode ser enunciado não é o Nome constante*
> *Sem-Nome é o princípio do céu e da terra*
> *Com-Nome é a mãe de dez mil coisas*
> *Assim, a constante não-aspiração[1] é contemplar as Maravilhas[2]*
> *E a constante aspiração[3] é contemplar o Orifício[4]*
> *Ambos são distintos em seus nomes mas têm a mesma origem*
> *O comum entre os dois se chama Mistério[5]*
> *O Mistério dos Mistérios é o Portal para todas as Maravilhas*

1. Não-aspiração: significa a ausência de intenção.
2. *MIAO*: Maravilha, significa as manifestações do Caminho.
3. Aspiração: significa a manutenção da vontade.
4. *CHIAO*: tem dois sentidos, 1º) Luz, Claridade ou Cor Branca; 2º) Orifício, Cova ou Abertura.
5. *SHUEN*: tem dois sentidos, 1º) Mistério; 2º) Cor Negra. *SHUEN* é a convergência e a anulação dos opostos.

Mais algumas frases:

> "Não se pode conhecer o *Tao* somente falando Dele."

> "Não se pode denominar com um nome humano esta origem do céu e da terra, Ele que é mãe de tudo."

> "O sábio prefere a não ação[1] e permanece em silêncio[2]. Tudo passa ao redor dele como por si mesmo. Ele não se prende a nada na Terra. Ele não se apropria de nada feito por ele. Havendo criado algo, não está orgulhoso disto."

1. A tranquilidade da mente e do corpo, inclusive a detenção do fluxo dos pensamentos, é o que permite dominar a arte da meditação e desenvolvimento de si mesmo como uma consciência.
2. Paz, tranquilidade no coração e na alma.

A partir destes textos extraídos do livro, podemos ao menos relacionar o *Tao* à:

- Caminho, via ou princípio;
- Meditação como via para a iluminação.

Encontramos inúmeras referências diretas e indiretas ao *Tao* em praticamente todas as obras filosóficas e religiosas do oriente:

No livro dos cinco anéis, de Musashi, o livro do vazio é o caminho da estratégia: "Veja o caminho como vazio, no vazio está a virtude e não o mal".

Para o grande rival de Musashi, Yagyu Munenori, após os ensinamentos do monge Takuan Soho: "jogue fora todo o apego torne-se iluminado e estabeleça o não-mente".

No *Bu-dô* não há inimigo externo, só o inimigo interno. O combate é para alcançar o estado de *"mushin-muga"*, sem ego e sem mente. O *dô* nos remete ao *Tao* como caminho para a iluminação.

Munenori ressalta que a prática ou o treino de uma técnica é feito com o intuito de transcendê-la totalmente. É levando o treino ao limite que o espadachim remove a si mesmo e vai além das correntes que o treino, a técnica ou qualquer outra prática possa vir a ser. O treino disciplinado internaliza a prática ao ponto de se tornar completamente natural. Com isso traz o praticante ao reino de *muga*, ou sem-ego, esse é o significado definitivo de todos os Caminhos.

Tai Chi Chuan

Não há como falar de *Tai chi chuan* (ou *Taiji quan*) sem antes conhecer um pouco do *Tao Te Ching* e do *I-Ching*. São relacionados de maneira relativa e absoluta, na forma e no propósito.

As artes marciais chinesas tiveram grande influência na construção do *Karatê*, tanto nos aspectos técnicos como nas questões relativas à mente e ao espírito. O termo *Wushu* significa arte marcial ou arte da guerra, já *Kungfu* pode significar "tempo e habilidade", "trabalho duro" ou algo adquirido por grande esforço contínuo. Mas, uma descrição mais abrangente define a expressão *Kungfu* por qualquer estilo de arte marcial chinesa, ou tarefa feita com perfeição. Existem catalogados na China mais de 400 estilos diferentes, classificados em duas escolas: *Waijia*, ou escola externa, e *Neijia*, ou escola interna. A escola *Waijia*, é caracterizada pelo desenvolvimento físico e marcial. Na escola *Neija*, o foco está no desenvolvimento mental e espiritual, na busca da energia vital *Chi* (ou *Ki*). Os marcos históricos mais significativos sobre o *Kungfu* estão relacionados com a construção do primeiro templo Shaolin por volta do ano 450 D.C., e da chegada do monge budista indiano *Bodhidharma* setenta anos depois (cerca de 520 D.C.). Existem registos de vários séculos anteriores, como nas dinastias Ch´in e Han (por volta de 200 A.C.), ou mais antigos ainda (dinastias Shang e Chou, 1.766 A.C.). As origens estão quase sempre relacionadas a exercícios respiratórios da medicina taoísta, promoção da saúde e sobre a observação dos animais (principalmente o macaco, pássaros, urso, veado e tigre). Com o passar dos séculos, foram incluídos aspectos marciais e armas.

O *Tai chi chuan*, como não poderia deixar de ser, pertence a escola *Neiija*, interna. É reconhecida como uma forma de meditação (trabalho meditativo ou meditação em movimento). Os princípios filosóficos são os mesmos do taoísmo, possuindo relação direta com os conceitos de *yin e yang*, os cinco elementos da medicina tradicional chinesa, e com o livro das mutações (*I-Ching*). As origens estão relacionadas com a observação da natureza, não somente dos animais, mas principalmente no estudo dos princípios fundamentais das interações entre os diversos elementos naturais. Das traduções de *Tai chi chuan*, para mim, a mais significativa é "mãos vazias do estado supremo, acima das polaridades" (na verdade uma mistura de algumas traduções).

Os princípios do movimento do *Tai chi chuan* são baseados na coordenação da mente, corpo interno e externo são os seguintes [DA LIU]]:

Mente: sempre tranquila e concentrada.

Movimento Interior:

- Respiração em harmonia com o movimento do corpo;
- Circulação do sangue (a respiração controla a circulação do sangue);

Movimento Exterior:

- Suavidade;
- Equilíbrio corporal;
- Centralização (corpo reto, coluna vertebral alinhada);
- Relaxamento do corpo e da mente (corpo e mente permeável);
- Continuidade, fluidez do movimento sem interrupções;
- Coordenação (sincronização do corpo, mente e respiração).

A permeabilidade é mais bem compreendida quando analisamos o sangue penetrando nos músculos para lhes dar energia, músculos contraídos dificultam este fluxo. Da mesma forma que a água penetra no solo.

A forma de praticar é associada com:

- Lentidão – movimentos lentos e cuidadosos na busca da perfeição e da quietude;
- Distribuição do peso e leveza – distribuição do peso sobre os pés seguindo o princípio do *I-Ching,* não fixo em uma distribuição, mas mutável. A configuração a ser usada é função da "adivinhação *I-Ching*". No caso de defesa pessoal, para nos anteciparmos às ações do oponente (permitindo a lentidão, leveza de movimentos e ausência de esforço).
- Ausência de esforço – use menos força para produzir mais força, se desfaça dos esforços desnecessários. Para isso, a técnica correta é fundamental.

Os hexagramas se relacionam com movimentos. Por exemplo, o hexagrama 18, é relacionado com "Roçar o Joelho e Empurrar".

Hexagrama 18 [BLOFELD]

Uma linha contínua, duas interrompidas, duas contínuas e uma interrompida.

Símbolo: O vento soprando no sopé de uma montanha. O Homem Superior, estimulando o coração das pessoas, alimenta-lhes a virtude.

Texto: A decadência augura sucesso sublime e a vantagem de atravessar o grande rio ou o mar. O que aconteceu antes, certamente ocorrerá novamente.

Interpretação: O trigrama forte (a montanha, duro, obstinado, perverso) está sobre o fraco (vento, madeira, suave, moderado), a suavidade está reunida à firmeza. Indica sucesso sublime e ordem no mundo. A passagem sobre o atravessar o grande rio, sugere que tem boas razões para avançar.

Na interpretação para um movimento de defesa, a forma de execução é bem explícita: "avance sem hesitação e de forma suave, assim terás sucesso".

Podemos considerar, que talvez o *Tai chi chuan* seja a primeira manifestação de arte marcial. Penso como sendo a arte marcial suprema, aquela que deu origem a todas as outras. Como arte é magnífica, como exercício para a manutenção da saúde, exemplar. Como método para a integração do corpo, mente e espírito, excelente. Como técnica de trabalho meditativo, ideal. Muitos não a veem como uma forma eficiente para defesa pessoal, mas isso é um objetivo secundário. Na verdade, como defesa pessoal, se analisarmos somente a técnica, realmente parece não fazer muito sentido. Mas quando vemos de uma forma profunda, considerando a relação íntima com o *I-Ching*, é precisa e eficiente. A percepção da unicidade, do pertencimento ao todo e a desconsideração do tempo como algo linear e progressivo, nos leva a compreender o processo de adivinhação não como um jogo, mas uma forma de acesso ao além da realidade que percebemos.

Isto tudo pode parecer inalcançável para nós, simples mortais. Talvez para pessoas que se dedicaram a vida toda ao estudo e a prática do *Tao,* esta transcendência pode ter sido obtida. Não podemos esquecer, que estas pessoas iluminadas, começaram de um ponto de partida semelhante ao que nós também usaremos. Durante o caminho, que é um processo de aprendizagem, o importante é percebermos as evidências, as pistas que nos levam a acreditar que existe muita coisa além da razão. Estas evidências estão associadas à Sincronicidade e a Intuição. Devemos estar atentos a todos os eventos que ocorrem durante o nosso dia e também a noite, aos nossos sonhos. Refletir sobre eles, e relacioná-los à nossa busca pelo autoconhecimento.

Não é uma questão mística. Pelo menos a princípio, pode ser considerada de forma bem pragmática. Obtida por intenso treinamento, entrega e dedicação. A neurociência pode nos ajudar a entender este processo através do estudo de regiões do cérebro denominadas Insula e Amígdala. Não tenho intenção em adentrar em assunto tão complexo, a ideia é somente trazer para o natural algo que muitos consideram sobrenatural. A Insula está relacionada com as emoções sociais como culpa e orgulho, funciona como uma espécie de intérprete do cérebro (traduz sons, cheiros, sabores em emoções). Alguns pesquisadores até afirmam que a Insula é a responsável pelo autoconhecimento e autoconsciência (acho que responsável é algo forte demais). Já a Amígdala é responsável pela regulação dos sentimentos como paixão, amor e agressividade, assim como do conteúdo emocional de nossas memórias. A Amígdala também é responsável pela nossa resposta às ameaças. A combinação da análise racional com a instintiva nos ajuda a tomar as melhores decisões. Obviamente que esta abordagem orgânica isolada, não é o suficiente. Precisamos sempre lembrar que somos seres orgânicos (corpo), psicológicos (mente) e espirituais. Separar nos impede de ter uma percepção correta das evidências que nos são apresentadas pelo universo.

Modelo mental oriental – um universo em contínua transformação

Para definirmos de forma mais objetiva como se formou a mente oriental, ou melhor, a mente oriental mística, é preciso compreender que é necessário vivenciar todos os fenômenos naturais como manifestações de uma mesma realidade. A realidade é a essência do universo, sustentando e unificando todas as coisas e eventos que observamos. Para os hindus é o *Brahman*, para os budistas o *Dharmakaya* e os taoístas chamam de *Tao*. Para todos eles não há como descrever esta realidade, pois transcende nossos conceitos intelectuais. Esta essência não pode ser separada de suas manifestações e as incontáveis formas que assume, estão constantemente em transformação, em um ciclo infinito de destruição e criação. Os budistas denominam este mundo de mudança incessante de *samsara*, e com isto justificam a afirmação de que não faz sentido o apego a coisa nenhuma deste mundo – o iluminado é aquele que não resiste ao fluxo da vida, mas permanece com ele [CAPRA]. Esta definição nos ajuda a compreender um pouco mais o paradoxo das artes marciais: os taoístas denominam de *wu wei*, "não-ação", "não-contestação" ou ainda "não-violência". No *Tao Te Ching* encontramos:

O bom soldado não é marcial.

O bom lutador não se zanga.

A melhor maneira de enfrentar o inimigo é não o enfrentar.

Ao não se impedir o fluxo natural das coisas, ao não tentar impedir ou interferir no suceder dos eventos, alcançamos a harmonia com o meio.

4 Kata

Por definição, *Kata* (significa forma) é um combate simulado, na verdade, prefiro substituir a palavra combate por situação de defesa de nossa integridade física e até de nossa vida. Assim, dá um significado bem mais abrangente e permite inúmeras explorações que vão da aplicação como técnica de defesa pessoal até espirituais. Está presente em quase todas as artes marciais orientais. No Ju-dô, Ju-jutsu e Aikido, são um conjunto de movimentos com um propósito relativamente limitado objetivando o aprendizado de uma determinada técnica (por exemplo: no Judô o *nage-no-kata*, são formas de projeção). No Kung-Fu (*Kati*) e no Karatê tem uma proporção muito mais significativa, não se limitam a uma ou conjunto de técnicas. Podemos comparar o *Kata* do Karatê e o *Kati* do Kung-fu como um livro inteiro e o dos demais como um capítulo. Os Kata do Karatê possuem uma história completa: com começo, meio, fim, personagens, terreno, enfim, um contexto integral (físico, mental, emocional e espiritual).

O *Kata* eterniza o estudo e o treinamento do Karatê, é a maneira mais completa e complexa do processo de aprendizagem, manutenção e evolução técnica, mental e espiritual – é a definição perfeita de "O Karatê para a vida".

A prática do *Kata* é o método fundamental para o desenvolvimento a energia vital, o *Ki*. Todas as outras práticas dentro do treinamento e estudo são menores em relação ao fortalecimento do *Ki* do que o *Kata*. Em conjunto com a eternização e o desenvolvimento e manutenção do *Ki*, a prática do *Kata* se torna algo de imensa importância para nossas vidas.

Existem inúmeros *Kata*, alguns específicos de um estilo, outros presentes em vários, outros com variações de acordo com o estilo. De maneira geral, começa com uma defesa, possui um desenho, um caminho ou linhas de movimentação (*embu-sen*) e termina no mesmo ponto do início. Cada *Kata* possui um *embu-sen* próprio, um conjunto de movimentos que configuram uma espécie de personalidade, um objetivo específico. Além de oferecer um arsenal para o combate, exige a perfeita percepção do meio, sentido de ritmo e beleza estética. Sem exageros, podemos afirmar que é possível encontrar infinitas maneiras de praticar, estudar ou simplesmente executá-los. Os oponentes imaginários são parte do *Kata*, possuem características específicas, como tamanho, força e velocidade, e devem ser visualizados durante toda a execução. Desta forma, se apresenta como real, como verdadeiro e acima de tudo uma luta pela vida. Sem dúvida, há também componentes filosóficos na prática e no estudo dos *Kata*: a consideração e a transmissão de valores além do pensamento crítico. Em um estudo colaborativo do *Kata* há espaço para embates e discussões diversas, que vão desde a interpretação da técnica, a efetividade prática, o gerenciamento da energia, aspectos filosóficos e espirituais.

O desenvolvimento de *Kata* visando a aplicação é chamado de *Bunkai*, muitos textos trazem a definição como análise e decomposição. Acho esta interpretação muito superficial, e não acho adequada nem ao processo inicial de aprendizagem. A meu ver não há como decompor um *Kata*, é um ser único, fluido sem interrupções. A alternativa ao *Bunkai* está no conceito de *Oyo*, mas abordaremos isto mais à frente. Talvez esta interpretação fragmentada tenha somente o propósito esportivo, mas acho que mesmo assim, não é adequada para competições com base nos fundamentos do *Budô*. Os desenhos dos Kata possuem muitas vezes movimentos que foram incluídos de maneira a criar um conjunto simétrico, começam e terminam no mesmo lugar. Isso é interessante, pois nos obriga a realizar os mesmos movimentos em sentidos opostos, treinando nossa capacidade de se movimentar em várias situações. Terminar no mesmo local de início significa uma atenção constante ao chão. Obviamente em uma situação real, o desenho não é algo definido, se fosse seria necessário combinar com nossos oponentes como eles devem reagir. As simetrias dos movimentos algumas vezes criam situações que são muito difíceis de serem imaginadas como reais. Assim, podemos fazer algumas alterações do desenho que normalmente o simplificam. Retiramos aquilo que foi colocado de maneira a criar simetria geométrica ou que nos leva a terminar exatamente na mesma localização de onde começamos. Eliminar as repetições desnecessárias e ajustes no ritmo. O resultado é um *Kata* mais curto, sem muita simetria e repetições além de um ritmo aonde movimentos de defesa e contra-ataque se unem em um só. A prioridade é imaginar a eliminação de cada oponente um a um.

Escolhas de Kata

Tenho em minhas escolhas de *Kata*, alguns que fazem parte de uma coleção a qual pratiquei durante muitos anos e são os oficiais da ITKF (*International Traditional Karatê Federation*). Mas tenho grande apreço aos *Koten-Kata* (*Kata* clássicos ou ancestrais), associados ao método de ensino do sensei Tetsuhiko Asai (1.935 – 2.006) fundador da *Japan Karate Shoto Federation*.

Ambas as federações possuem objetivos esportivos, mas sem esquecer os fundamentos do *Bu-Dô*.

A meu ver, como não poderia deixar de ser, o karatê esportivo é muito diferente do verdadeiro "o karatê para a vida". O karatê como esporte foi importante para mim, mas percebi que este caminho havia se esgotado. Na maioria das academias, o karatê é praticado como esporte, mesmo que as intenções não sejam de competição. Como esporte o treino subjuga o aprendizado, é uma espécie de "mais do mesmo". A preocupação e valorização dos fundamentos do *Bu-Dô* mantém uma certa integralidade da tríade corpo-mente-espírito, mas com limitações. Sem aprendizado e descobertas, vem a estagnação e o desestímulo. Faltam momentos de iluminação, sobram suor, desgaste físico e lesões.

O "o karatê para a vida", na minha concepção, resgata o karatê ancestral, aonde o verdadeiro objetivo da técnica é a base fundamental: autodefesa.

A prática do Kata meditativo

A atividade relacionada ao Karatê possui inúmeras facetas: técnico, teórico, físico, filosófico, ético, espiritual, meditativo. A mistura de tudo isso é à primeira vista algo complexo, mas não é para ser. Como tudo isto está relacionado, no fundo estudar Karatê é estudar tudo isso. E o mais interessante, de forma simultânea. Com o tempo, sem percebermos, estamos usando o nosso consciente e o inconsciente durante as práticas, mesmo as coletivas. A prática do *Kata* é a que, a meu ver, proporciona isto de maneira mais fluida e integrada.

Na prática meditativa do karatê, a unificação do corpo, mente e espírito são a base. Costumo fazer os *Kata* como prática meditativa, sozinho e em ambientes externos, em contato direto com a natureza. Um dos melhores lugares é na praia, na areia próxima da orla. Faço isso há muitos anos, creio que a primeira vez era ainda adolescente. Os *Kata* possuem um desenho (*embu-sen*), variam para cada *kata* mas sem grande diversificação — contemplam movimentos de defesa e contra-ataque a oponentes que se posicionam à frente, atrás, aos lados e nas diagonais. No início observava o desenho na areia dos rastros que eu deixava para verificar se o *embu-sen* estava correto. Ia executando os *Kata* e mudando de lugar, para os lados, para dar espaço para os novos desenhos. Com o passar do tempo, compreendi que nesta prática o objetivo era diferente, mais complexo, e apesar de introspectivo sentia uma profunda conexão com a natureza ao meu redor. Num dado momento percebi que havia mudado de estratégia, ao invés de mudar de lugar, mudei de direção mantendo o local de início. O resultado foi a produção de uma *Mandala*. Escolho os *Kata* e vou executando de forma cíclica, ao finalizar, tenho uma *Mandala* que está associada à escolha que fiz e ao nível de concentração que consegui atingir. A falta de concentração produz um desenho descuidado, com assimetrias. Quando o tempo permite, me concentro, aperfeiçoo o desenho e percebo modificações positivas no meu humor e clarificação da minha mente em relação a questões que estavam me incomodando.

Alternativamente, não planejo, não escolho os *Kata* e não me preocupo com as direções, mas somente com o ponto inicial. Olho ao redor, procuro na natureza a inspiração para a escolha do *kata*, vem naturalmente. Desta forma, os desenhos, as *Mandalas* também são criadas. São mais confusas a uma primeira vista, mas produzem desenhos bem significativos. Creio que são formas produzidas exclusivamente pelo inconsciente. A análise delas requer um belo esforço e desprendimento do racional. Na maioria das vezes que uso esta alternativa de intenção é quando estou sem grandes preocupações ou problemas, fica bem fácil e prazerosa, o humor estava bom e fica melhor ainda. Mas é muito poderosa quando estou ao contrário, me ajuda a limpar a mente com o auxílio do acaso dirigido pela natureza. O humor estava ruim e fica melhor, principalmente quando da prática, respostas aos problemas são obtidas e minimização ou até eliminação das preocupações ocorrem.

Ressalto que nesta prática, independente da alternativa de intenção, os movimentos são lentos e precisos, com contrações musculares semelhantes ao da prática convencional. Neste exercício de criação da *Mandala* existe um grande consumo de energia física e mental. Outro ponto interessante é que a visualização dos oponentes vai diminuindo até se transformar em percepção. Na prática convencional, a visualização dos oponentes é fundamental.

Cada *Kata* tem um ritmo, como se fosse uma música. Na forma meditativa qual pratico, não há interrupções, os movimentos são contínuos, com acelerações e desacelerações. Praticamente não há movimentos puramente lineares, sempre circulares ou rotacionais. A simultaneidade do uso dos braços está quase sempre presente. Os movimentos das mãos participam de forma mais efusiva, evidenciando a sua importância: rotação dos pulsos, abertura e fechamento do punho, segurar, agarrar. Os movimentos são lentos, e as contrações musculares podem ser ajustadas de acordo com a minha vontade (depende do meu estado de espírito). A sensação é de sintonia com o fluxo de energia do universo, algo semelhante ao descrito pela representação *Nataraja* do deus hindu *Shiva*: "ele dança dentro de um círculo de fogo, símbolo da renovação e, através da dança cria, conserva e destrói o universo".

Defino a prática do *kata* meditativo como a execução da coreografia sem pensar nela ou na aplicação, sem visualizar os oponentes, mas percebendo-os. Os oponentes viram companheiros de execução do *kata*, não são inimigos. Para isso precisamos usar todos os sentidos de forma imaginária e criativa: visão, audição, olfato e tato. Compomos assim um oponente que está presente somente em nossa mente criado pelo nosso consciente e inconsciente – semelhante a técnica de "Imaginação Ativa", reformulada por Jung. Nela personificamos os conteúdos do inconsciente e não sua interpretação, o importante é a sua relação com os oponentes e não o porquê da existência deles. A relação é a integração entre inconsciente e consciente, Jung chamou isso de "função transcendente". O exercício da relação entre inconsciente e o consciente, é um componente importante do caminho para autoconhecimento.

São quatro as fases definidas por Jung: (1) libertar-se do fluxo de pensamento do ego, (2) deixar a imagem de fantasia fluir para a percepção interior, (3) conferir uma forma à imagem e (4) confrontar-se com o resultado obtido. Na fase 1, o momento é de concentração, limpeza da mente, eliminação dos pensamentos do ego. A fase 2 é de acolhimento das imagens, deixar que elas fluam do inconsciente para o campo de percepção interior. Na fase 3, há interação com as imagens como oponentes – a execução do *kata*. Esta interação é feita através dos movimentos definidos pelo *kata*. Na fase 4, após a finalização, nos confrontamos moralmente com tudo o que foi imaginado e sentido durante a execução.

É importante é a execução precisa do ponto de vista técnico (biomecânico), tanto nas transições (mudar de posição, avançar e recuar) como dos movimentos com os braços (sempre integrados e sincronizados com o resto do corpo, uma estrutura única). O *embu-sen* deve ser preciso, a percepção do solo sob nossos pés, deve relevar um intenso aterramento, criando uma estrutura dinâmica sem qualquer espaço para hesitação ou desequilíbrio. As simetrias devem ser obedecidas, finalizar no ponto de início é importante. A respiração deve ser extremamente natural, seu ritmo e intensidade são invocadas pelo nosso inconsciente orgânico. Ficar ofegante, com falta ou excesso de ar é o resultado da falta de naturalidade, ou seja, nosso consciente isolado tomando conta.

A intensidade e os esforços físicos e mentais devem ser distribuídos de maneira que o final tenha a mesma energia que o começo. A distribuição da energia dispendida é fruto da natureza do *Kata* e da interpretação que damos a ele. A quantidade de energia é função do objetivo que estamos buscando naquele momento e não deve ser contaminada com os aspectos emocionais dos momentos anteriores. Explosão para liberar as tensões de um dia complicado, não funcionam. Assim como, lentidão e pouca contração para um dia cansativo ou uma noite mal dormida, também não. Antes da prática há a necessidade de planejamento, qual a alternativa (método 1 ou 2), qual nosso objetivo, quanto tempo, quais os *Kata* (método 1), quantas vezes (método 1) e qual o local. Deve sempre haver um propósito, o mais simples é a busca da perfeição dos movimentos. A definição e a mentalização do propósito fazem parte do antes, e não do durante.

Cada *Kata* pode ser associado a um aspecto emocional, mentalizar isso antes da execução é importante. A mente deve ser esvaziada durante a execução, nos intervalos entre cada execução, a mentalização do aspecto emocional pode ser enfatizada. A busca é de uma invocação e conexão com o todo.

Não deixe de permitir que o seu entorno faça parte, os sons, as vibrações, o vento, a temperatura, as pessoas, os animais, tudo o que estiver ao alcance de seus sentidos deve permear sua mente – no início isto pode causar erros de execução, desequilíbrio e hesitação, mas com o tempo, nos acostumamos (por isso devemos fazer *Kata* mais simples no início do processo – mas não significa que os mais simples não nos façam alcançar nosso objetivo).

A formação da *Mandala* também pode ser deixada para um momento posterior, precisamos de tempo para chegar na fase de conseguir produzi-las confortavelmente. Percebi que com o tempo, a escolha dos *Kata* para a elaboração da mandala pode ser intuitiva e não planejada, a quantidade e a orientação do ponto inicial também. A única coisa definida é o centro de execução.

Um dos aspectos mais importantes e difíceis da prática do Karatê é a manutenção constante da contração abdominal. Não se trata de uma contração muito vigorosa, mas uma que permita a estabilidade do corpo. Está intimamente relacionada com a respiração, ritmo e profundidade. No *Kata* meditativo, o desenvolvimento desta habilidade, é bem mais fácil. Não só para iniciantes, mas para aqueles que tem um pouco mais de experiencia, é importante realizar algumas vezes com esta intenção – concentração absoluta na respiração e na contração abdominal.

Em resumo, a execução meditativa do Kata é uma forma da meditação transcendental, em que o corpo está em movimento, deixamos o "sentar em silencio" para o "mover em silêncio". A suavidade dos movimentos aliados ao controle absoluto do corpo e da respiração permite um fluxo contínuo de energia. Este exercício corporal contamina a mente, que também entra em fluxo, elimina os pensamentos cíclicos, julgamentos, induzindo ao desapego. Ao final da prática, apesar do desgaste físico, nos sentimos mais leves, alegres e com mais energia.

5 A técnica

Não tenho a intenção, e seria impossível, em um texto objetivo como me proponho a fazer, abordar todos os aspectos técnicos do *Karatê*. Talvez se combinássemos tudo o que foi escrito sobre o Karatê, não teríamos uma obra digna de descrever todos os seus aspectos. A técnica, como vamos ver nesta seção, não se limita às questões biomecânicas, pois não somos uma máquina, mas um organismo que vai além de uma estrutura física.

A manutenção da correção das bases técnicas fundamentais é de extrema importância, faz parte da busca contínua pela perfeição. Aqui farei uma análise a partir de princípios ocidentais, mas com alguma contaminação de elementos orientais. Os aspectos técnicos mais importantes são: contração-expansão e controle. A execução mais lenta facilita a contração-expansão, que é a base de todos os movimentos, a geração de energia de dentro para fora. A técnica adequada preserva a saúde de nossa estrutura muscular e esquelética.

Contração e Expansão

A contração-expansão é acompanhada pelo ajuste do alinhamento do corpo, em defesa, o quadril deve estar ligeiramente rotacionado para termos uma postura (*hanmi* – meio corpo) que permita um desvio do golpe recebido evitando um bloqueio direto. Em contra-ataque, o quadril deve estar frontal, direcionando toda a energia à frente, em direção ao oponente. Esta transição de defesa para contra-ataque, através do ajuste das pernas e do quadril, é a responsável pela geração da energia. O mesmo ocorre na transição para defesa, frontal para rotacionado.

Transição

A transição defesa para contra-ataque, *hanmi* para frontal envolve uma articulação completa do corpo. Seja em avanço, recuo ou no mesmo lugar. O início do movimento é nos pés, subindo para as pernas, quadril/abdômen (região lombar), grandes dorsais, posterior dos ombros, peitorais superiores e finalmente braços (rotação e alinhamento). A articulação correta das pernas impede uma rotação excessiva do quadril, o gatilho e o limite do movimento vêm das pernas. A estrutura do corpo reage ao solo, assim, um perfeito alinhamento dos vetores invoca a 3ª lei de Newton ao nosso favor. Isso ocorre também ao final, nosso corpo precisa estar preparado para receber a energia que vem do contato feito com o oponente. O relaxamento inicial permite uma explosão muscular, mas deve ser controlada. Aqui a lei de *Hooke* parece não funcionar bem, contração inicial (mola comprimida) gera força em detrimento da velocidade, mas os alinhamentos, continuam válidos, pois não há perdas de energia pela dispersão em sentidos diversos do movimento. O controle não pode minimizar o efeito de chicote, presente nas defesas e nos ataques e contra-ataques. A energia deve fluir além do corpo ao final do movimento, a respiração é a responsável por isso. Um corte na respiração, cria um corte na energia que geramos na direção do oponente.

Controle

O controle é dificultado pela execução lenta, as pernas são mais exigidas assim como a musculatura auxiliar, a do equilíbrio. Movimentos rápidos se apropriam da cinética para facilitar, mas também encobrem erros de execução e falta de controle.

O controle dos chutes é o mais desafiador, a perna não pode cair, deve pousar com tranquilidade e firmeza. O treino para isso pode ser feito através da divisão do movimento em 4 partes: subir o joelho, estender a perna, recolher a perna e pousar.

Nos deslocamentos, avanço, recuo ou lateral, a ponta do pé deve sempre comandar o início do movimento. Seguimos sempre a máxima: "dos pés para cima". O alinhamento da estrutura esquelética na direção do movimento é muito importante para podermos ter maior eficiência com o menor consumo de energia. Uma boa indicação é a projeção dos joelhos em direção ao chão, deve coincidir com um ponto próximo os dedos do pé. Dependendo da altura de nossa base, isso exige uma boa flexibilidade dos tendões posteriores dos calcanhares (tendão de Aquiles).

Em todas as situações, devemos manter ao máximo o alinhamento vertical da coluna vertebral, sempre com o topo da cabeça apontando para cima. A musculatura abdominal deve estar sempre com um certo grau de contração para suportar este alinhamento e manter a estrutura conectada o tempo todo.

Chicote e Estocada

Os movimentos são na sua grande maioria compostos, poucas vezes é algo isolado. A composição mais comum é a defesa mais contra-ataque. Existem ainda duas maneiras de serem aplicados: chicotear e estocar – *keage* e *kekomi*. Estas palavras são derivadas das técnicas de chute, *ke* de *keri* ou chute e *age* ascendente e *komi* é penetrante. Isto pode causar uma certa confusão, o importante é considerar que *keage* é um golpe de percussão e *kekomi* é penetrante. A composição de técnicas em sequência usando estas formas de aplicação, chicote-penetração, está quase sempre presente e deve ser obedecida, pois tem uma função definida. Chicotear produz vibração interna no oponente, seguida de uma estocada, causa um dano muito maior. Chicotear é mais rápido, por isso a maioria das defesas e contra-ataques, seguem esta forma de aplicação.

Equilíbrio

A contração-expansão e o controle só são possíveis através de transições bem equilibradas, que são fruto da movimentação correta do centro de gravidade e de alinhamento da coluna. A intenção é não ir contra a força da gravidade, alinhar os vetores da nossa estrutura esquelética para evitar forças que nos causem desequilíbrios. Na verdade, todo movimento, seja ele de avanço, retrocesso ou chute, deve começar na sola dos pés, empurrar a terra, buscar dela a energia para cada movimento. Os músculos das pernas e quadris devem ser ativados de baixo para cima, não carregar ou puxar a perna, mas impulsionar a partir dos pés e ir subindo, transferindo ascendentemente para cada músculo em sequência. Os movimentos corretos fazem com que utilizemos praticamente todos os músculos de forma equilibrada. Nas pernas, por exemplo, temos os músculos anteriores e posteriores, o uso equilibrado deles evita lesões e sobrecarga nas articulações, principalmente nos ligamentos.

Para as defesas (*uke-te* para as defesas com as mãos), sempre devemos pensar que após elas, talvez não precisemos de mais nada – devem ser intensas, precisas, eficientes e eficazes. O contra-ataque é mera segurança, mas deve ser fulminante, mortal (cabe aqui lembrar, que nesta modalidade de prática, não há opoente real). Os contra-ataques mais efetivos são os diretos, lineares, aonde a energia não sobre mudança de direção (ex. socos diretos, *tsuki-te*). Os golpes circulares, normalmente tem a intenção de desviar da defesa do oponente e golpeá-lo lateralmente ou ascendentemente (pode ter intenção estratégica, confundir o oponente). Os descendentes, são lineares, caem alinhados com a gravidade. Os de corte, ou cisalhamento. Como uma espada, desce cortando, não é a lâmina atingindo um único ponto, mas a lâmina percorrendo o contato inicial cortando tangencialmente (menos força, maior resultado). Mesmo os golpes circulares, ascendentes, descendentes e de corte concentram a energia em um único ponto, assim, não devem se ampliar demasiadamente para fora. Aqui a expansão e contração mantém o foco em um corredor estreito. Usamos a energia centrípeta com moderação, a centrífuga, causa desequilíbrio. Ao sairmos do corredor estreito, perdemos energia, mas principalmente aumentamos o tempo do movimento e diminuímos a surpresa que causamos no oponente.

Prioridades

A efetividade do golpe, seja de defesa ou contra-ataque está associada a seguinte lista de prioridades:

1. oportunidade (timming);
2. precisão;
3. estabilidade;
4. velocidade e
5. força.

Sem esta percepção, o "karatê para a vida" não é alcançado por simplesmente ignorar estes aspectos que são essencialmente técnicos. A oportunidade, ou seja, o momento correto para a ação, é obviamente o mais difícil de todos. Existem muito mais do que questões técnicas associadas a esta prioridade, mas o começo do aprendizado é através delas. A oportunidade de ação é exercitada através da conexão com o oponente nos treinamentos em duplas. Conexão com profunda concentração para perceber os sinais exteriores do oponente que indicam sua intenção. Perceber a intenção, não significa que o problema já está resolvido. Precisamos também identificar a pré-ação do oponente, a fração de tempo que antecede a sua ação. A respiração é uma das formas de perceber isso. Outras mais simples estão relacionadas com a linguagem corporal e análise das expressões faciais. No estudo e treinamento dos *Kata* também é possível desenvolver este aprendizado. É muito mais sutil, envolve a fluidez dos movimentos e a consideração inexorável de que estamos confrontando oponentes reais, mas imaginários.

Ainda sobre as defesas com os braços e mãos. O termo *uke-te*, a meu ver indica pouco a forma real de se realizar estes movimentos. *Uke* é bloqueio e *te*, mãos – não é nem bloqueio nem as mãos são as protagonistas principais. Como citei, desviar ao invés de bloquear. E no caso das mãos, seus movimentos são consequências da movimentação da estrutura ombro, braço e antebraço. O movimento deve nascer no ombro e ter o cotovelo como direcionador, o restante (antebraço, pulso e mãos) são levados sem grandes modificações além da rotação. No caso dos golpes de ataque, ocorre o mesmo, mas com uma extensão maior, um aumento no ângulo entre braço e antebraço. As rotações têm finalidade de alinhamento a estrutura (para uma forma mais resistente), no caso do ataque, há também a criação de um vórtex concentrado de vibração. Na defesa a intenção, além do alinhamento da estrutura, a rotação de desvio, para evitar um bloqueio direto. Bloqueios diretos são muito ruins, medem força, causam lesões. Desvios evitam tudo isso e permitem levar o oponente para uma situação de vulnerabilidade, um contra-ataque mais limpo, mais fulminante.

Importante ressaltar que devemos sempre considerar a composição: defesa mais contra-ataque como uma coisa só. Uma gera energia para a outra. Após a defesa corretamente aplicada, um momento de desatenção no oponente é criado.

Uma questão fundamental é a da simultaneidade dos movimentos. Em alguns *Kata* encontramos situações em que somente um braço é utilizado, mas de maneira geral, devemos pensar que podemos sempre utilizá-los em conjunto, simultaneamente, em movimentos que de forma oposta estruturam nosso esqueleto de forma mais estável. Um exemplo que gosto, é o da posição *kokutsu-dachi*, com um *gedan-barai* frontal e um *uchi-uke* posterior elevado. O *gedan-barai* defende um chute e o *uchi-uke* simultâneo forma uma estrutura mais estável. Repare que a defesa é para baixo e o *uchi-uke* é usado para aumentar a intensidade da defesa e a finalizar com estabilidade. *Uchi* neste caso, significa "de dentro", *gedan* "em baixo" e barai "varrer", a posição (*dachi*) *kokutsu*, "apoio atrás".

Mãos

É muito importante considerar sempre que a participação mais efetiva das mãos e seus movimentos possuem várias consequências muito importantes.

- Sincronizam os movimentos do corpo, as contrações de toda nossa estrutura;
- Alinham os movimentos em um foco concentrado de energia (defesa, contra-ataque e ataque);
- Mantém os avanços e recuos sem hesitação e sem perda do *kamae* (postura de guarda);
- Ativam e alimentam na nossa mente para que tenhamos movimentos efetivos, cheios de energia e concentração.

Estas consequências possuem ação fundamental na manutenção do equilíbrio e da estabilidade. Enfatizo que não existe no movimento das mãos um grande componente estético, é limitado à funcionalidade da técnica e dos objetivos.

Foi citado anteriormente que não há movimentos lineares, ou são circulares ou rotacionais. Os movimentos circulares, sejam de defesa ou contra-ataque (golpes) devem se limitar ao raio mínimo necessário a gerar velocidade. Raios grande expõem a intenção do movimento, dissipam energia do foco de ação e sobrecarregam as articulações. As rotações têm o objetivo de gerar vibração e alinhar a estrutura óssea para uma configuração mais resistente. Nos movimentos de avanço, retrocesso ou esquiva, devemos sempre considerar a diferença de tamanho dos membros inferiores e os superiores. Pernas são maiores do que os braços, assim, em um avanço com um soco, as velocidades são diferentes, pois a finalização requer a simultaneidade (pés e mãos parando ao mesmo tempo). Isto significa uma não linearidade do tempo de execução. O resultado disso, são golpes muito mais difíceis de serem defendidos. Conseguimos prever mais facilmente quando o movimento é linear no tempo, qualquer alteração na distribuição temporal do movimento, fica mais difícil de ser prevista.

A origem da palavra *Uke* está relacionada com uma atitude passiva, mas também com o verbo *Ukeru*, de receber. A interpretação de bloqueio, não reflete completamente a atitude necessária para a maioria dos movimentos relacionados à defesa e esquiva. Em contrapartida, a palavra *Seme* é derivada do verbo atacar (*Semeru*), mas vai além, é uma atitude de pressão mental com o objetivo de destruir o senso de confiança e resolução do oponente.

Mais um pouco sobre a rotação do quadril e a transição de/para a posição hanmi

Esta dinâmica é de vital importância para compreender as bases biomecânicas do Karatê. De maneira geral, nas defesas com as mãos (*uke-te*) estamos com o tronco ligeiramente rotacionado (*hanmi*), o braço que faz o bloqueio está mais à frente. Antes de chegar a esta posição, o tronco estava alinhado com os ombros à mesma distância do centro do movimento. A energia é gerada com esta rotação do quadril e com o alinhamento das pernas. Esta posição do corpo ao final do movimento, permite que não ocorra um bloqueio seco, mas sim um escoamento do membro do oponente. Com isso, evitamos lesões, contusões por impacto. E o mais importante, a força do oponente pode ser usada contra ele, desequilibrando-o. A suavidade da defesa implica na qualidade e velocidade do contra-ataque pela continuidade natural que ocorre. Defesa e contra-ataque, um movimento único.

Nas defesas básicas, temos: Bloqueio ascendente, contra socos na região do rosto (*jodan age-uke*), bloqueios a nível médio (pescoço, tórax e abdômen) de fora para dentro (*soto-uke*) e de dentro para fora (*uchi-uke*) e nível inferior, abdômen e região pélvica (*guedan barai*). A simultaneidade do uso dos braços ajuda a executar o movimento de forma correta. Projetando o braço contrário da defesa à frente, alinhamos o corpo frontalmente. No recuo dele, ocorre a rotação e a leve projeção do outro braço à frente na posição *hanmi*. Interessante considerar que o braço contrário é que faz a defesa e o frontal o bloqueio efetivo. Podemos também imaginar que o braço contrário segura o braço do oponente e com o outro cria um impacto na articulação do cotovelo no caso das defesas médias, e no pescoço para a defesa alta. No caso de defesa de chutes, o braço contrário faz o desvio antecipado da perna, e o frontal a desestabilização do oponente com impacto na região pélvica dele. Importante esta consideração no caso dos chutes, pois um bloqueio direto a um chute pelo braço, normalmente causa dano na parte mais fraca, ou seja, o braço da defesa.

Já nos ataques ou contra-ataques com os socos (*seiken tsuki-te*), o processo é inverso, partimos de uma posição rotacionada para uma alinhada frontalmente. A geração de energia usa as mesmas bases, a rotação do quadril da posição rotacionada para a posição alinhada frontalmente. É importante percebermos que a rotação do quadril é derivada do alinhamento das pernas, pois é a partir delas que o quadril se ajusta. Caso contrário, o quadril é que está alinhando as pernas, invertendo a ativação muscular. Imaginando uma postura em que estamos com uma perna na frente da outra, com uma distribuição de peso mais à frente (*zenkutsu dashi*), esta dinâmica não muda se o soco for com o braço do mesmo lado que a perna frontal esta (*oi-zuki*), ou com o braço contrário (soco reverso, *gyaku-zuki*).

Um ótimo exercício para aperfeiçoar estas técnicas consiste em avançar com um soco frontal (*oi zuki*), seguido de um soco reverso (*gyaku-zuki*) e outro frontal sem avanço (*kizame zuzi*). Recuar com uma defesa ascendente, seguida de uma defesa média de fora para dentro, uma descendente e finalizando com uma média de dentro para fora.

Em praticamente todos os movimentos, é importante que exista fluidez, para isso a naturalidade deve ser enfatizada. Os movimentos devem ser o mais natural possível, seguindo a tendência de articulação do nosso esqueleto de maneira suave, sem forçar, mas sem grandes expansões desnecessárias. Focar o movimento na direção da efetividade da ação.

Conforme as técnicas ficam mais complexas, as rotações e transições também ficam. Aqui, apenas uma base para podermos iniciar um treinamento para ações de defesa e contra-ataque efetivas e com rigor biomecânico, preservando nossas articulações.

Pés e sua função como pivô de Rotação

O uso da porção correta dos pés para executar um movimento de rotação, é de fundamental importância. Pode ser em um avanço, retrocesso ou alinhamento da estrutura corporal (sem alteração da posição), para uma situação de defesa, ataque ou contra-ataque.

A energia necessária para a movimentação vem de nossos músculos, de baixo para cima. A movimentação dos quadris em sintonia com o reposicionamento dos pés é que define uma transição correta. Um aterramento bem feito devolve toda a energia, mal feito a consome desnecessariamente. O objetivo do movimento define a forma de pivoteamento e a escolha da base. As bases, sem entrar em detalhes, podem ser aquelas em que o corpo está sendo sustentado na sua maior parte pela perna frontal ou pela posterior. Temos aquelas em que há uma distribuição mais ou menos equivalente entre as pernas. Independente da base, é importante que os joelhos estejam sempre na mesma direção dos pés, caso contrário ocorre um desalinhamento das estruturas da articulação forçando os ligamentos. Os pés é que efetivamente proporcionam a rotação, pode ocorrer no calcanhar ou na base frontal (encontro das falanges com os metatarsos). É fácil de perceber a diferença de usar uma ou outra. A rotação no calcanhar é seca mais rápida, com menos flutuação do corpo. Na base frontal a rotação exige um pouco mais de articulação dos joelhos para evitar a flutuação. Na mudança de direção a escolha do pivô define se ficaremos mais próximos do oponente ou mais distantes. Independente da porção do pé usada para a rotação, devemos manter toda a planta do pé em contato com o solo. Isto não é fácil, a tendência é elevarmos os dedos ou o calcanhar quando ocorre a rotação. O mesmo ocorre em uma movimentação de avanço, retrocesso ou mudança de direção. A sensação que devemos ter é a de deslizamento dos pés no solo. Para isso, um grande esforço da estrutura muscular das pernas e do quadril é necessária. O alinhamento vertical da coluna vertebral e o correto posicionamento do nosso centro de gravidade, facilita este processo.

A escolha do pivô tem seu fundamento na aplicação, na intenção da transição. Mas em alguns *Kata* isto pode ser diferente, em função da forma e das contrações musculares de cada posição (base). Pode ser também reavaliada em termos de preservação das articulações dos joelhos, nos momentos de treinos e práticas com muitas repetições. O importante é sempre ter consciência de como e por que da escolha.

Mais um pouco sobre as transições

Nas transições (avanço, retrocesso e laterais) para defesa, contra-ataque ou ataque, o reposicionamento dos pés tem como objetivos:

- Efetividade do movimento;
- Estabilidade (equilíbrio);
- Geração de energia (potência);
- Preservação da saúde da estrutura músculo esquelética.

Não há como priorizar, elencar um nível de prioridade, dizer qual o mais importante. Talvez em uma situação de aplicação durante uma situação real de risco, a efetividade poderá ser considerada a mais importante. Mas dependerá muito do contexto. Durante o estudo e treinamento, devemos manter o mesmo nível de importância. O motivo é simples, todas se relacionam de forma a compor o movimento, na falta ou excesso de alguma, ocorre desequilíbrio colocando tudo a perder. A distribuição é feita por cada indivíduo, de acordo com suas habilidades e limitações.

Em estabilidade, devemos considerar a minimização da flutuação vertical. Com esta flutuação, o centro de gravidade do nosso corpo se movimenta desnecessariamente, exigindo esforços que desviam a energia para músculos que normalmente não são tão necessários. É também um erro de estratégia, demonstra ao nosso oponente falta de habilidade e principalmente permite que ele perceba de forma antecipada qual a nossa intenção. Estabilidade tem a ver com aterramento, e este, conforme a 3ª lei de Newton, é fundamental para a transferência máxima de energia para o nosso objetivo.

A preservação da saúde do nosso esqueleto é de suma importância, não podemos fazer movimentos repetidamente de maneira a sobrecarregar nossas articulações. Os tendões devem ser movimentados na direção à qual foram criados, os músculos é que devem suportar toda a carga. As dores em articulações sadias são o indicativo de que alguma coisa (forma, intensidade ou repetição) não está sendo feita corretamente.

Finalmente o mais "complicado", mas o mais divertido: a geração de energia ou melhor a potência. Potência em física, é a grandeza que determina a quantidade de energia, que por sua vez, é a velocidade com a qual uma certa quantidade de energia é transformada. Mas com certeza não precisamos saber disso para compreendermos como devemos fazer e se estamos fazendo corretamente. A sensação é evidente, não há como se enganar. A relação com estabilidade é óbvia, assim, vamos nos ater ao movimento em si: pernas, quadris e pés. Tudo sincronizado de maneira a gerar energia, estabilidade e correção biomecânica. Parece complicado, mas não é. Tudo é uma questão de técnica: conhecimento e treinamento.

Para um avanço de ataque, na posição *zenkutsu-dashi*, o pé que vai à frente (e suporta a maior parte do peso do corpo) deve deslizar desde sua posição posterior até seu destino. O joelho se alinha com a direção do pé. Para o pé que fica atrás, o ajuste é feito movimentando-se o calcanhar com rotação na parte frontal. O quadril se alinha da perna que ficou para trás (levemente rotacionado) de forma a ficar frontal ao movimento. A sensação é de uma rotação do quadril, mas na verdade é um alinhamento pela extensão da perna posterior. Para um avanço que coloca a perna direita à frente, o quadril "rotaciona" no sentido horário. Para a esquerda, é o inverso.

No recuo em *zenkutsu-dashi*, o pé que fica à frente após ao movimento, é ajustado na direção do joelho, tendo como base de rotação o calcanhar.

No caso da posição *kiba-dashi*, ou do cavaleiro, com os pés (mais ou menos) paralelos, afastados na mesma linha e joelhos levemente para fora. Temos um desafio e interpretações diferentes dependendo do estilo e da escola. Mas de maneira geral, se nossa preocupação é com a lista colocada anteriormente, creio que podemos unificar as interpretações. Aqui, podemos ter algumas variações, dependendo da posição inicial. Se for somente a movimentação lateral, sem sair da base, algo como uma esquiva lateral, devemos posicionar o corpo no sentido e direção do reposicionamento da perna. Desta forma, a ponta do pé vai ser a direcionadora do movimento, com o ajuste do calcanhar para o alinhamento paralelo ao outro pé. Com isto o quadril se reorienta para ficar alinhado frontalmente. Cria-se então a sensação de rotação do quadril. Esta rotação é a responsável pela geração de energia para que um soco seja desferido. No caso de uma movimentação para a direita, ocorre a rotação no sentido anti-horário e um soco com o braço direito pode ser desferido em sincronia com esta rotação. Há a geração de energia pela participação de praticamente todo o corpo. Perceba que não há um deslocamento lateral expondo o flanco do torso, como o caminhar de um caranguejo. Não há andar lateral sem reorientação do corpo. O andar lateral sem estas considerações, expõe uma parte menos resistente do nosso corpo, força a articulação do joelho e impede a geração consistente de energia. Na grande maioria dos *Kata* o deslocamento lateral é feito de forma a considerar isto, e é muito evidente quando pensamos na aplicação ou mesmo na simples geração de força e estabilidade. Alguns *Kata* podem nos confundir, usam a movimentação lateral como uma forma de ataque, uma pisada forte ou um chute descendente (*fumikomi*) na região dos pés, joelhos, pernas ou quadris do oponente. Por exemplo, o *Jion* tem este tipo de deslocamento com reorientação do corpo com a pisada e pancada descendente com o ante-braço (*zenwan-uchi otoshi*). Já o *Tekki Shodan,* possui deslocamentos laterais sem reorientação. Nestes dois casos, as diferenças estão relacionadas com a aplicação. Importante ressaltar que no *Tekki Shodan*, apesar de não haver a reorientação, a geração de energia é dada pela vibração causada pela rotação dos quadris (sempre comandada e controlada pela articulação das pernas). A movimentação lateral pode ser com o objetivo de esquiva, assim, não é necessário a reorientação, pois há a necessidade de velocidade. No *kata Jitte* isto pode ser visto claramente. Nele temos as três situações, primeiro com reorientação do corpo para o ataque com uma pancada usando a base interna da articulação do punho (*teisho uchi*), depois a movimentação lateral como esquiva, e finalmente a reorientação com a pisada *fumikomi*.

Para uma transição da posição *zenkutsu-dashi* para a *kiba-dashi*, o processo é o mesmo. Não há avanço, mas sim um alinhamento do pé posterior com o frontal. É uma movimentação bem estratégica, usada em muitas situações de defesa pessoal.

A posição *kokutsu-dashi* é uma posição estratégica. É claro que cada posição possui seu aspecto relacionado a estratégia, mas esta é a característica mais importante dela. Posições como *zenkutsu dashi* e *kiba-dashi*, são ofensivas por natureza. Podem ser a posição final de uma defesa e contra-ataque bem-sucedido. Já *kokutsu-dashi* normalmente está associada a um conjunto mais sofisticado de movimentos: defesa, contra-ataque, encaixe, agarramento e projeção. O que a define como posição é a distribuição de peso, a maior parte na perna posterior. Repousamos boa parte do nosso peso na perna posterior com o pé equivalente alinhado lateralmente, a perna frontal com menos peso, alinhado à frente, na direção de nosso oponente. Assim, os pés fazem algo como um "L" com o pé posterior na base. Uma das percepções de posição estratégica, pode ser facilmente vislumbrada quando, sem avanço, mudamos de *zenkutsu-dashi* para *kokutsu-dashi*. Fica evidente a diferença de distância até o opoente, longe para perto. Em *kokutsu-dashi*, muitas vezes usamos as mãos abertas (lateral da mão como uma espada, *shuto-uke*) para defesa e contra-ataque. No caso de uma sequência onde agarramos o oponente, mãos já abertas facilitam a técnica (basta fechar as mãos para agarrar). A intenção do movimento é sempre dada pelos cotovelos e não pelos antebraços, assim a energia gerada e a estabilidade são bem maiores. A sequência de duas bases *kokutsu-dashi*, é usada para defesa (primeira), encaixe-agarramento-projeção (segunda). A projeção é em direção ao solo, o mais direto possível. O encaixe é do quadril, criando uma alavanca para facilitar a projeção. Pode ocorrer mudança de direção na segunda posição, com o primeiro avanço frontal e o segundo na diagonal, a intenção é encontrar uma boa posição para o encaixe do quadril. Outra aplicação importante é quando temos o *kokutsu-dashi* como segunda posição em giro. Isto é encontrado com muita frequência em vários *Kata*. No *Heian-Shodan* por exemplo, após uma sequência de três socos frontais (*oi-zuki*) há uma mudança deposição com rotação do corpo todo no sentido anti-horário. Aqui, temos novamente o posicionamento do quadril como alavanca, e a intenção é de girar e projetar o opoente para baixo. Esta é uma interpretação de aplicação, existem outras, mas é um bom e simples exemplo de como usar a posição de forma estratégica.

Os *Kata Junro-Shodan e Nidan* oferecem ótimas oportunidades de experimentar pivoteamento e rotações bastante desafiadoras. Eles não dão muita margem para interpretação das aplicações nem na quantidade e posicionamento dos oponentes, isso os tornam importantes para compreendermos a integração dos aspectos técnicos.

No pivoteamento da rotação no caso da posição *kokutsu-dashi*, temos: Em um avanço frontal ou oblíquo, a rotação de ajuste dos pés posteriores tem como base a parte frontal do pé. No recuo, o pé que fica à frente rotaciona sobre o calcanhar. No avanço frontal linear ou diagonal após uma defesa em *kokutsu-dashi* e um contra-ataque ainda em *kokutsu-dashi,* temos uma certa proximidade com oponente que não nos permite movimentos muito amplos. Desta forma uma sequência associada a derrubar, projetar ao chão o oponente, faz muito sentido. Ainda nesta linha de ação, com um recuo do oponente durante a defesa, o contra-ataque pode ser feito em *zenkutsu-dachi,* perseguindo o oponente.

Um pouco mais sobre as Bases ou Posições

Pode-se dizer que existem 14 bases fundamentais ou posicionamentos dos pés e pernas. Algumas foram citadas anteriormente:

- SHIZENTAI (posições naturais) que inclui:
  - MUSUBI-DACHI, HEISOKU-DACHI, HACHIJI-DACHI, TEIJI-DACHI, RENOJI-DACHI e HEIKO-DACHI)
- ZENKUTSU-DACHI (posição frontal);
- KOKUTSU-DACHI (posição recuada);
- KIBA-DACHI (posição de cavaleiro);
- SHIKO-DACHI (posição quadrada);
- FUDO-DACHI (posição enraizada);
- NEKOASHI-DACHI (posição de gato);
- SANCHIN-DACHI (posição de ampulheta);
- HANGUETSU-DACHI (posição de meia lua).

Encare esta lista, neste momento, somente como uma referência. A compreensão e a execução correta levam anos de estudo e prática. Coloquei aqui para evidenciar a variedade e a complexidade de como podemos nos posicionar, e isso tem a ver com o contexto e a necessidade. Qual o tipo de solo, qual nossa intenção, como é nosso oponente e qual a distância que estamos dele.

Para descrever como estas posições são, seria necessário um longo texto ou melhor diagramas, desenhos e fotografias. As referências que temos podem ser usadas para isso (por exemplo: *Karatê-dô Kyohan, o Texto do Mestre Funakoshi).* Na minha percepção, o posicionamento dos pés, a distribuição do peso e as contrações musculares definem completamente cada posição.

É exatamente isso que precisamos entender para podermos fazê-las corretamente. Para seu uso, além da correção estrutural, precisamos compreender seu objetivo. Simplesmente reproduzir um desenho ou copiar de alguém que está ao nosso lado, não é o suficiente. A melhor forma de estudarmos as posições é através dos *Kata*, neles encontramos todas as informações necessárias para uma completa compreensão das posições e das transições (mudanças de posição).

Um pouco mais sobre os chutes (ou técnicas com pés e pernas – keri waza)

Cada chute tem um propósito, a escolha de qual a ser usado depende da situação. De maneira geral (existem outras dezenas) temos o frontal (*mae-geri*), lateral (*yoko-geri*), circular (*mawashi-geri*) e o para baixo (como uma pisada, *fumikomi-geri*). São cinco os fundamentos para todos os chutes: a manutenção do alinhamento vertical da coluna vertebral, a elevação do joelho, a extensão da perna, o recolhimento da perna após o impacto e o pouso do pé no solo. O alinhamento vertical permite manter a posição de luta, de atenção ao oponente. Exige um bom alongamento das estruturas das pernas e do quadril. O alinhamento significa não inclinar o corpo, mas mantê-lo na posição ereta encarando o oponente com tranquilidade e equilíbrio. A elevação do joelho é o início do chute, primeiro o joelho é posicionado de forma que a extensão da perna coloque o pé no alvo. O recolhimento da perna após o impacto significa controle. Após o recolhimento, o pé é pousado suavemente ao solo. Importante notar que a energia é gerada pela extensão e recolhimento da perna. A falta de controle de um chute, permite ao opoente segurar nossa perna, passar uma rasteira ou algo pior. Devemos desferir um chute com a certeza de que podemos recolher a perna para uma situação de segurança. O treinamento dos chutes deve ser sempre com a volta da perna para a posição a qual estava, seja qual for a base escolhida (normalmente *zenkutsu-dachi*). Os chutes também possuem regiões de impacto dos pés bem definidas. Para o frontal e o circular, a base dos dedos quando são levantados e tensionados (*koshi*). Para o chute lateral, é a lateral externa do pé (*sokuto*) e o para trás o impacto é no calcanhar com o pé devidamente tensionado na direção da perna (*kakato*). Com o recolhimento da perna e o posicionamento correto dos pés durante o chute, além de eficiência temos a preservação das articulações do joelho, tornozelo e pés.

Para uma execução correta da maioria dos chutes, o joelho deve se elevar primeiramente, para depois ocorrer a extensão da perna. A posição dos pés e dedos devem estar definidas quando o joelho atingiu sua meta. As bases definem a forma como os chutes são configurados. Na base mais comum, *zenkutsu-dashi*, para o chute frontal, o joelho se eleva à frente com os pés tensionados de forma a termos os dedos curvados para cima, expondo a base inferior frontal do pé.

Para o chute lateral penetrante, o começo é idêntico, mas há a rotação e uma certa projeção do quadril. Aí reside a diferença da aplicação, o chute lateral tem mais alcance. O início exatamente igual e o controle, permite mudarmos a estratégia de ação quando o oponente se afasta ou mesmo quando muda de posição em uma esquiva. Na posição *zenkutsu-dashi*, o *yoko-gueri* na direção frontal, é sempre penetrante com a projeção do quadril. Já para o lado, a modalidade é de percussão, assim como em *kiba-dashi*. O *yoko-gueri keague* possui uma configuração bastante diferente do *kekomi*, levanta-se o joelho e depois o pé é jogado para o lado em um movimento semelhante a um leque.

O chute circular é uma invenção do karatê moderno, muito usado em competições esportivas. Mesmo assim, tem sua utilidade em situações reais. É importante dizer que quando desferido em direção a cabeça do oponente, é de relativamente fácil defesa, criando uma situação de risco (o opoente pode segurar a perna e nos colocar em uma posição bem desfavorável). O ideal para situações reais é o chute baixo (no joelho) ou na lateral do oponente (rins e costelas). A elevação do joelho e lateral, o que exige uma boa flexibilidade.

Impacto no oponente: Percussão, Penetração e Corte

Foi descrito anteriormente que existem algumas formas de impacto. Elas conferem ao golpe efeitos completamente diferentes e podem ser usadas em sequência para obter ainda mais resultado. São válidas para todas as técnicas e para compreendermos, podemos ficar com as mais simples: socos, chutes, cotoveladas e defesas (bloqueios). A escolha da forma é função da aplicação e do resultado que esperamos. O corte é o mais simples, feito sempre com a mão aberta, como uma espada (*shuto*). Causa dano interno por cisalhamento e deve ser usado em regiões moles do corpo como pescoço, virilha e abdômen ou nas partes internas das articulações. A percussão é criada por um impacto elástico, cria uma vibração interna, e danos internos. A penetração é criada com uma estocada, a intenção é perfurar e não empurrar. Nos *Kata*, a grande maioria das técnicas utilizam a percussão e o corte, por serem mais rápidas e eficientes. Normalmente a penetração é usada em conjunto com a percussão. Primeiramente a percussão, gerando vibração interna e depois a penetração criando um congelamento brusco. Esta combinação pode causar danos graves e até a morte por rompimento de órgãos e vasos sanguíneos. Um exemplo desta combinação pode ser encontrado no *kata Bassai-dai*, onde após o bloqueio com as duas mãos de um soco frontal na altura da cabeça (ou a liberação de um agarramento com a elevação de ambos os braços), um golpe duplo simultâneo do tipo tesoura (*hasami uchi*) é desferido na região lateral do abdômen e em seguida um soco penetrante no centro do abdômen. A criação de uma vibração interna no abdômen pelo golpe duplo simultâneo faz com que a musculatura relaxe, deixando a região desprotegida para a ação do soco penetrante. A parada instantânea da vibração pelo soco penetrante, causa danos não só nos tecidos e órgão, mas também nas costelas.

A respiração

Até agora, a respiração foi citada inúmeras vezes. Creio que é fácil perceber a importância que ela tem, nesta sessão, a ideia é fazer uma conexão mais precisa com a técnica. Toda a transição deve ser acompanhada da compressão e expansão do corpo. Durante a compressão ocorre o alinhamento do corpo em direção ao objetivo da transição. Neste processo, a energia é gerada e se expande na direção desejada. Naturalmente, ao fazermos força liberamos ar dos pulmões. Desta forma, a expansão é acompanhada pela expiração. Este sincronismo permite que tenhamos o máximo de eficiência na geração de energia e a sua manutenção ao longo do tempo, garante o fôlego necessário para que uma sequência de movimentos seja concluída. Além deste aspecto fisiológico da respiração, temos outros bem importantes para uma situação de conflito. A respiração ofegante, com preenchimento quase que completo dos pulmões é uma evidência clara de nosso ritmo de ação, que obviamente não é desejável ser identificado pelo nosso oponente. A respiração profunda, com pulmões cheios, enfatiza a região superior do tórax. É esta região que mais reflete nosso estado emocional. Sintomas como dor no peito por conta de uma angústia ou ansiedade são evidências disso. Controlar a respiração, é de certa forma controlar nossas emoções. Assim, devemos manter a respiração focada no abdômen, mais curtas, sem inspirar nem expirar muito. Isto ajuda também na manutenção da contração abdominal. O relaxamento da musculatura abdominal nos põem em risco por deixar desprotegida uma região sensível. A contração, além de proteção, mantém integra a conexão de nossa estrutura corporal e permite o alinhamento vertical de nossa coluna vertebral.

A respiração correta, sutil e sincronizada, tem como resultado a fluidez da energia pelo nosso corpo, que se manifesta pela fluidez dos movimentos e pela tranquilidade da mente. Com isto alcançado, temos o controle necessário para podermos agir de forma não automática. Sem reagir, mas sim agindo de forma planejada e estratégica e sem linearidade temporal dos movimentos.

A respiração é o meio que temos para minimizar ou até desativar a reação ao estresse que surge no sistema nervoso simpático e ativar o parassimpático. O sistema nervoso simpático é ativado como uma resposta de fuga ou luta. Já o parassimpático, é o do relaxamento, do descanso. Usando somente a respiração, podemos mudar o modo: de sobrevivência para o de tranquilidade e prosperidade. No modo de sobrevivência, o sistema simpático faz com que o sistema límbico prevaleça. Este sistema é considerado o centro da expressão emocional e comportamental. A reação pode ser contaminada com memórias de um passado negativo, impedindo ações de uma mente clara e calma apoiada no presente.

Nosso corpo

É de grande importância conhecer bem nosso corpo. Não só do ponto de vista fisiológico, "acadêmico", mas também das nossas características particulares. As nossas limitações e vantagens (facilidades) vem das características específicas do nosso corpo. Temos defeitos, herdados ou malformações, e ainda aqueles resultados de lesões ou uso incorreto. Tudo isso afeta a forma como nos movimentamos e define quais os cuidados que temos que ter durante os treinamentos. Estas imperfeições são na sua maioria muito tênues e passam despercebidas. Precisamos prestar atenção, se não conhecermos bem nosso corpo, como vamos dar conta do autoconhecimento integral. Algumas práticas são bastante simples, como por exemplo analisar nosso reflexo em um espelho para verificar a falta de simetria e alinhamentos. Altura dos ombros e posição dos joelhos, inclinação da cabeça, alinhamento da coluna vertebral. E por falar em coluna, é uma tarefa árdua mantê-la de forma correta o tempo todo, mas com um pouco de atenção e persistência, minimizamos os danos causados pelas más posturas. Olhar diretamente para nossos joelhos e pés diretamente nos dá boas dicas: os joelhos estão alinhados? Os pés estão com uma abertura razoável? Em movimento as coisas ficam mais interessantes, mas mais difíceis de ver. Caminhar na areia pode nos dar algumas dicas de como nossos pés se comportam, analise a pegada, alinhamento e profundidade das várias partes do pé. As calosidades de nossos pés também nos revelam algumas informações importantes, principalmente as inferiores quando andamos muito descalços.

Vale a pena dar uma olhada na anatomia muscular, perceber a quantidade de músculos que existem para a execução de um determinado movimento, compreender a função de cada um e os utilizar sem economizar nenhum. Sugiro uma atenção especial aos Psoas (menor, maior, iliopsoas) e aos demais do quadril. Os *psoas* são fundamentais para uma boa postura, equilíbrio estrutural, amplitude dos movimentos, mobilidade articular e funcionamento dos órgãos do abdômen. Tem papel importante na geração de força. A principal ação motora do iliopsoas é flexionar o quadril, isto é, mover a coxa para cima (seu encurtamento causa problemas lombares). Estudar anatomia, é compreender o funcionamento do nosso corpo, para usar melhor. Para uma vida saudável, compreender, alongar e fortalecer. No caso dos psoas, alongamento e fortalecimento com muito critério e orientação profissional adequada. São músculos complexos, se inserem ou se conectam nos discos e corpos vertebrais e ao diafragma. Aqui vemos claramente a relação com a respiração.

Já é bem conhecida a necessidade de fortalecimento muscular para a prática de qualquer atividade física, até para caminhar é importante. Para o Karatê não é diferente, é muito importante termos o tônus muscular adequado para a proteção das articulações. As articulações dos tornozelos, joelhos e do quadril são intensamente utilizadas, assim, é importante que os conjuntos musculares associados a elas estejam sempre fortalecidos. Exercícios de fortalecimento da região abdominal e lombar também são de grande importância.

Esta forma de ver nosso corpo é bem ocidental, se formos estudar através de uma visão oriental, as coisas complicam. A Medicina Tradicional Chinesa (MTC) é baseada em séculos de experimentação e observação. Para os ocidentais é considerada uma pseudociência, pouco pesquisada e menos ainda documentada. O seu princípio básico é o *Ki*, energia vital do corpo que circula através de canais (meridianos) e conectam todos os órgãos. Possui um "sistema de conhecimento" que é fundamentado nos conceitos de *Yin – Yang*, os oito princípios do *Ba Gua* (oito trigramas ou mutações, *I-Ching*) e a Teoria dos Cinco Elementos (elementos básicos que formam o mundo material: fogo, terra, metal, água e madeira). Já os hindus possuem uma tríade composta pelo vedanta, ayurveda e yoga. Ciências totalmente interconectadas. Vedanta é a base filosófica para o autoconhecimento, diz que a causa de todo sofrimento é a falta de conhecimento de quem somos. Ayurveda é a ciência da autocura e da prevenção (ayus = vida, veda = conhecimento). Yoga é a ciência da autorrealização, nos ensina em como nos relacionar com o universo de forma consciente. Todos os três tem como base o equilíbrio do corpo, mente e espírito e a relação harmoniosa com o universo, sempre obedecendo os ciclos da natureza.

Antes, durante e depois

Antes e depois de iniciar o estudo, a prática e o treinamento, é importante um certo ritual. O antes deve ser composto por um processo de esvaziamento de nossa mente, ou melhor, a substituição de nossos pensamentos por algo que crie preparação para a introspecção, limpar a mente de influências do cotidiano.

Nos *dojôs* (local de treinamento, *do* caminho e *jô* lugar) normalmente o uso do termo *Mokuso*, se refere ao momento de meditação antes do treino.

Após este momento, os lemas ou regras (*kun*) dos praticantes de karatê são pronunciados. São 5, inspiradas no *Bu-dô*:

1. Esforçar-se para a formação do caráter;
2. Esforçar-se para manter-se no verdadeiro caminho da razão;
3. Criar o intuito do esforço;
4. Respeito acima de tudo;
5. Conter o espírito de agressão destrutiva;

Após a execução do *dojô-kun*, as saudações de agradecimento são realizadas: aos mestres do passado, aos professores e aos colegas de treino. Agradecimentos pelos ensinamentos, pela possibilidade de poder praticar, pela saúde, alegria e satisfação que me proporciona.

O depois segue um protocolo semelhante, momento de meditação, de preparo para a volta ao cotidiano seguido de saudações de agradecimento. No momento de meditação, procuro também "escutar meu corpo", tentar perceber quais os efeitos dos exercícios sobre meu corpo. A meditação posterior à prática é consequência dela, é muito mais fácil e profunda do que a inicial ou aquela não associada a ela. Aproveitar este momento é fundamental, mas obviamente depende da qualidade que obtivemos na prática do *kata* meditativo.

Podemos resumir o ritual da seguinte forma:

1. Sentar-se sobre os joelhos em posição de *seiza* - momento denominado de *mokuso*. É um processo de esvaziamento da mente, ou melhor, a substituição de nossos pensamentos por algo que crie preparação para a introspecção, limpeza da mente de influências do cotidiano. Devemos nos concentrar na respiração, acalmá-la. Em seguida uma atenção especial e concentrada nos nossos sentidos para uma percepção mais abrangente do entorno. É o início da expansão da consciência, uso de todos os nossos recursos para sentir o ambiente. Com isso, o sentimento de pertencimento e integração com o todo começa a se revelar e permitir que nosso ser se encha de gratidão. É o sentimento e não o ou os objetos da gratidão;
2. É feita então a reverência nos curvando e apoiando as mãos no solo - aqui o sentimento de gratidão se transforma em compaixão. Mãos no solo (humus), a humildade é declarada;
3. Em pé, a declaração dos 5 lemas do dojô;

4. Ainda em pé, a reverência agora é feita como agradecimento aos antepassados, aos mestres e aos colegas.

A palavra havaiana *Ho'oponopono*, descreve de forma sutil e completa a intenção e a mentalização para este momento de conclusão. Significa corrigir o que está errado, voltar à perfeição.

Não é o caso de ficar lembrando do que foi feito, longe disso. É bem maior do que isso, tem a ver com nossa vida como um todo. Devemos pensar na intenção geral de nosso ser nesta busca.

Devemos sempre seguir este ritual como se estivesse em um *do-jô*, mesmo quando da prática solitária em um ambiente qualquer.

O retorno ao cotidiano, deve ser precedido pela consciência de que na maioria das vezes, nossa percepção da realidade não é correta, pois é deformada e oculta por um número incalculável de memórias e programas inconscientes vindos do passado. Nosso exercício é no sentido de recuperar uma visão clara e pura fazendo uma limpeza permanente nos filtros que deformam nossa percepção. São muito os erros que cometemos, mas o principal é acreditar que estamos separados do todo, do princípio criador, e por causa disso separados uns dos outros [Maria-Elisa Hurtado-Graciet].

O durante exige a obediência de alguns princípios que se manifestam através dos comportamentos físicos, mentais e espirituais. A consideração de que somos seres compostos por corpo, mente e espírito é a base de todos os princípios. Esta composição não deve possuir fronteiras definidas, é difícil imaginar que nosso corpo não tem fronteiras claras com nossa mente ou nosso espírito. Mas primeiramente devemos acreditar nisso e adotar uma postura que revele esta unicidade. Com o passar do tempo, vamos verificando na prática que realmente não conseguimos separar nossos elementos construtores. São como tijolos e argamassa que se fundem em uma única estrutura.

Os comportamentos necessários para nos levar a esta unicidade e aproveitar ao máximo o tempo dedicado, são bastante simples:

- Manter a concentração no presente, deixar o passado e o futuro de lado;

- Perceber continuamente o contato com o solo, nossos pés devem estar sempre posicionados de maneira a nos manter estáveis. Nossos movimentos devem ser sempre sobre uma base sólida, estável, equilibrada. Chamo isso de comunhão com a Terra, ela é nossa aliada, por isso sempre devemos estar a favor dela, e nunca contra;

- Manter ao máximo o alinhamento vertical de nossa coluna vertebral. Algumas técnicas exigem uma certa inclinação da coluna, mas não deve haver uma retração do corpo de forma a curvar a coluna. Este alinhamento permite que a energia de nosso corpo flua de maneira mais natural, sem interrupções ou constrições. A postura altiva, como se estivéssemos cavalgando sobre nossas próprias pernas, permite além de uma circulação fluída de nossa energia vital, uma respiração natural e a percepção do entorno de forma completa e despretensiosa.

Na prática, é importante sempre ter uma postura cerimoniosa, com certa formalidade. A concentração exige isso. Antes de cada sequência de movimento ou de cada *kata*, é preciso se concentrar, se preparar, algumas vezes até executar uma saudação de concentração. É como se fosse uma chave para nos avisar que toda nossa intenção está no presente e focada nos movimentos que iremos realizar. Entre as sequencias de movimentos, há um momento de reflexão, visualizamos o que foi executado, o que é preciso melhorar. Neste momento é que recuperamos nossas forças e fôlego. Todos os princípios devem ser mantidos nestes momentos de recuperação, mantendo a altivez e a formalidade. A posição é natural, estática, relaxada, com pés ligeiramente afastados, braços ao longo do corpo, olhar reto ao infinito, respiração controlada e concentrada no abdômen. É comum, neste momento de recuperação, colocarmos as mãos na cintura, caminharmos, curvarmos o corpo, respirar de forma ofegante. Os princípios nos mantêm íntegros, com uma recuperação controlada, é um momento para recebermos a energia da natureza e não de externar nossa condição. O alinhamento vertical do corpo é fundamental para termos os canais livres para a circulação da energia e uma recuperação mais rápida.

Ritual, concentração e meditação

O ritual permite que o processo de meditação ocorra em fases, evoluindo gradativamente. Inicialmente com Atenção Concentrada na preparação da mente e do corpo. O durante é a Meditação Ativa ou o Trabalho Meditativo e a finalização é a Meditação Zen, mais profunda. Cada fase participa de forma diferente e é executada também de forma diferente, mas o objetivo é um só: a busca de um estado de clareza mental e emocional. A meditação durante a fase final é, obviamente, a mais difícil, pois não é dirigida por técnicas como as duas anteriores. O esvaziamento da mente em busca do estado de silêncio, onde a mente se torna vazia e sem pensamentos. Muitos estudiosos deste tema afirmam que este estado é quase impossível de ser alcançado pela grande maioria das pessoas, ou seja, a mente vazia é um mito. Mas segundo o *Tao*, o caminho é que é importante e não o destino. É uma experiência extremamente individual, cada um vai perceber se está alcançando e em que nível se encontra. A contemplação é um bom caminho, seguido da eliminação das reações da mente e depois o seu esvaziamento.

Independente do sucesso que obtemos neste processo de aprendizado contínuo, os benefícios são evidentes. Requer muito esforço, dedicação e alimentação contínua.

Este ritual é aplicável em outras situações de nossa vida, tornando-as muito mais fáceis. São os momentos que exigem preparo, planejados ou não.

Para os não iniciados nas práticas meditativas das tradições espirituais e religiosas, é preciso este conjunto de definições e explicações. Talvez por isso seja tão difícil, explicar racionalmente algo que não é racional, usar palavras onde palavras não são suficientes. Os verdadeiros mestres ensinam a meditação através do silêncio, sua consciência interior, seu olhar silencioso.

6 Um pouco da história do Karatê

A importância do estudo das origens históricas do karatê, diretas e indiretas, conscientes e inconscientes, está relacionada com a carga social e espiritual associada à sua criação e desenvolvimento. Uma característica interessante dos *Kata* é a prevalência de movimentos para destros. No passada, em diversas culturas, os canhotos eram considerados aberrações.

Historicamente, a origem do Karatê está ligada ao monge budista, *Bodhidharma* ou *Daruma* no século V ou VI. Sua jornada da Índia até as ilhas *Ryukyu* (sul do Japão), passando pela China, para a divulgação de suas crenças culminou na criação do Shaolin quan (estilos e técnicas do *kung fu Shaolin*) e do karatê. No Japão, mas especificamente em *Okinawa*, existiam técnicas de luta denominadas de *Okinawa-tê* (mãos de *Okinawa*). Apesar da técnica de luta de Okinawa ser considerada autóctone, o karatê se desenvolveu a partir da mistura de técnicas japonesas e chinesas. Em 1.609 as armas nas ilhas foram confiscadas, somente os soldados e policiais poderiam portar armas. Neste contexto o karatê se desenvolveu como meio de autodefesa sem armas pela população em geral. Esta configuração definiu um aspecto bastante importante do karatê: a defesa é realizada na iminência de um ataque com armas (faca, espada, lança, etc.). Desta forma não há a absorção do golpe, mesmo que sem armas. Sempre se considera que a defesa é contra um agressor armado. No início do século XIX, os três principais estilos de *Okinawa-tê* eram associados a três cidades: *Tomari, Naha e Shuri*. Ao final do mesmo século, os estilos haviam mudado surgindo os que definiram a base do karatê moderno: *Shorin-ryu* (escola do pinheiro flexível), *Gojo-ryu* (escola do duro e do mole/suave) e o *Shito-ryu*, que é a fusão dos dois.

O estilo ao qual me dedico é o *Shoto-kan*, criado pelo sensei Gichin Funakoshi (1.868 – 1.957) e seu filho Yoshitaka (Gigo) Funakoshi (1.906 – 1.945), derivado do *Shorin-ryu*. Funakoshi foi amigo e aluno de Anko Asato, mestre em Karatê e *Jigen-ryu* (uma escola de artes marciais com espada criada ao final do século XVI, onde a ênfase é a vitória no primeiro golpe).

Shoto-kan é um estilo que emprega força, sua base é mais ampla. O nome é a composição de dois ideogramas que significam madeira (árvore, pinheiro) e ondas ou som do mar, referente a imagem do sensei ao contemplar o mar com saudades de sua terra natal. O símbolo é um tigre, provavelmente por causa da base mais ampla e o seu bote ou a investida que o animal faz quando realiza um ataque. Yoshitaka Funakoshi, foi o 3° filho do sensei Gichin Funakoshi, faleceu aos 39 anos, mas fez grandes contribuições ao estilo, modificando sua estrutura original. Foi o responsável pelas bases mais baixas e o uso de chutes laterais (*yoko*) e giratórios (*mawashi*). Na postura, introduziu aspectos do *Kendô*, ao qual também se dedicou. A modificação do estilo original, posturas mais altas e relaxadas, com movimentos mais curtos e flexíveis, para uma mais baixa, contraída e com movimentos mais intensos, deve ter sido fruto de uma enfermidade que foi diagnosticada aos seus 7 anos de idade. Por ser uma criança fraca, o Karatê era a fonte de exercícios para que pudesse vencer a doença.

Além do *Shotokan-ryu* (estilo da escola de *sho-to*), existem vários outros estilos, alguns deles com a intenção de preservação de técnicas mais antigas, como o *Shito-ryu* (tem como origem a cidade de *Shuri*). Outros, com origem mais recente, como o *Wado-ryu*, que foi desenvolvido a partir de influências do *Shoto-ryu, ju-jutso e Aikidô*.

O *Aikido* (*Ai* de harmonia, *Ki* de energia e *Dô* de caminho), criado pelo mestre Morihei Ueshiba (1.883 – 1.969), foi concebido a partir de diversas artes marciais, mas a mais significativa a da escola *daito-ryu ju-jutsu*. Com a profunda influência religiosa da seita *Oomoto-kyu* (A grande origem), sensei Ueshiba criou o *Aikido* integrado com processos meditativos para a obtenção da serenidade e harmonia. Não há a ideia de vencer ou destruir o inimigo, mas pura e tão somente a de encerrar o conflito. A Escola Ueshiba foi inaugurada em 1.923.

A origem da palavra *Karatê* nos traz também algumas informações interessantes, o Kara pode ser representado por dois ideogramas japoneses, com significados bem diferentes:

唐 – estrangeiro, em particular da China antiga (dinastia TANG 618-907 D.C.)

空 – vazio

Para o sensei Funakoshi e seus contemporâneos, o uso da primeira versão era por exotismo, pois na época se exaltavam coisas que vinham de fora, principalmente da China. A mudança ocorreu com a justificativa de ser inapropriado e até degradante para representar a arte marcial de Okinawa. Esta mudança é compreensível dado o contexto social da época. A nova versão, representando o vazio, que pode ser interpretado de formas diferentes. A primeira, mais pragmática, indica a ausência de armas. A defesa através de punhos e mãos livres de qualquer objeto ou arma. A segunda mais filosófica, nas palavras do próprio sensei Funakoshi [Karatê-dô Kyôhan]:

"Assim como um espelho limpo que reflete a imagem sem distorção, ou o vale silencioso que ecoa o som, alguém que estuda o Karatê-dô deve eliminar de si o egoísmo e os maus pensamentos, pois apenas alguém com a mente e a consciência limpas pode entender o que recebe"

"Como uma haste de bambu verde, vazio por dentro e ereto, com nós, sem egoísmo, gentil e moderado"

Esta interpretação, com certeza muito mais adequada ao estudo e prática do caminho, do Zen, do Tao.

Sensei Funakoshi fez também modificações nos nomes dos Kata mais antigos, nomes japoneses foram dados para, segundo ele, evitar ambiguidade e equívocos no ensino causados pelos originais em chinês. Aparentemente ele ficava desconfortável com o uso de identificações de origem chinesa para uma arte marcial japonesa.

O legado do sensei Funakoshi foi imenso, as suas posições sobre as influências chinesas e a determinação de definir o Karatê como essencialmente de origem japonesa são completamente compreensíveis pelo contexto social e político da época. Seus ideais são universais e sempre enfatizou as questões espirituais. Educou e influenciou gerações, não somente de caratecas, mas também, inúmeros praticantes de outras artes marciais. Escreveu vários livros, incluindo sua autobiografia, "Karatê-Dô: Meu Modo de Vida" e "*Niju Kun* – Os Vinte Princípios", que ele definia como obrigatório aos estudantes de Karatê para se tornarem melhores seres humanos.

Depois de 35 anos praticando o estilo *Shoto-kan* tradicional, seguindo as definições da ITKF (International Traditional Karatê Federation), fiz uma transição para o estilo do sensei Tetsuhiko Asai que foi aluno do sensei Gichin Funakoshi. Seu estilo resgata os aspectos de flexibilidade e velocidade dos movimentos em detrimento da força. Os *Kata* criados e resgatados do passado por ele são os que estou estudando há alguns anos (*koten-Kata*). São *Kata* que possuem movimentos de intensa rotação e os membros são utilizados como chicotes. Sensei Asai, estudou *kung-fu*, estilo Grou Branco. Me parece que sensei Asai resgatou e incorporou sem preconceitos aspectos técnicos e filosóficos chineses ao seu estilo.

As artes marciais japonesas assim como as manifestações culturais (cerimônia do chá, teatro *Kabuki* e *Bunraku*, a poesia *Haiku*) se desenvolveram em uma sociedade dominada pela espada. Desta forma o conceito de vida e morte era muito diferente, moldando uma sensibilidade por um povo que vivia em um tempo em que a espada desempenhava um papel decisivo. O significado profundo das artes marciais japonesas é inseparável deste contexto cultural e histórico [Kenji Tokitsu].

A história da civilização japonesa é uma sucessão de batalhas, um povo guerreiro por natureza. Se olharmos para o período de meados do século XVI até o início do século XVII, as guerras entre os senhores das terras, os daimios, eram constantes. Para proteger suas terras e para conquistar mais. Em 1.560 Oda Nobunaga, após vitória na batalha de Okehazama, iniciou um processo de unificação do Japão através da força. Batalhas brutais, sangrentas eliminaram boa parte dos seus inimigos. Mas os conflitos continuaram, entre os daimios leais e não leais a Nobunaga. Até mesmo os monastérios budistas eram fortalezas altamente armadas, os monges eram guerreiros e tinham também envolvimento político. Em 1.582, após a traição de seu general Akeshi Mitsuhide, e ser encurralado, cometeu suicídio (*seppuku*). Ascendeu então Toyotomi Hideyoshi, um dos aliados de Nobunaga. Tornou-se regente (*kampaku*) em 1.592, com um Japão praticamente unificado. Com um decreto que impedia as guerras entre os daimios e a proibição das armas, o Japão estava um pouco mais calmo. Neste período, as artes marciais sem armas se desenvolveram. O cidadão comum não podia portar armas, mas precisava se defender. Sem guerras internas importantes e exércitos ociosos de samurais, mas ainda com muita tensão entre os daimios, Hideyoshi resolveu conquistar a China. Mas precisava passar pela Coréia. Sem sua permissão, o Japão a invade e inicia uma batalha que durou 6 anos. Derrotado, Hideyoshi se enfraquece, adoece e morre em 1.598. Sua morte ficou em segredo e o conselho dos cinco anciões assumiu o poder. Em 1.600, Tokugawa Ieyasu, um antigo aliado de Hideyoshi e Nobunaga, vence a batalha de Sekigahara. Torna-se assim o novo regente. O período denominado de *Edo*, liderado pela família Tokugawa durou até 1.868 e foi de relativa paz. Neste período, muitos samurais se dedicaram a filosofia e as artes. É surpreendente que estas experiências de guerra, com batalhas sangrentas repletas de atrocidades e traições tenham gerado um sofisticado código de conduta ético, o *Bu-dô*. Importante ressaltar que b*u-dô* não é o caminho do samurai, muito longe disso. Samurai quer dizer servidor à disposição dos ideais dos daimios. Ideais sempre relacionados ao domínio pela força.

A proibição do uso de armas pelo decreto de Hideyoshi, fez o Karatê evoluir no sentido de incluir técnicas específicas para cada tipo de arma: espada longa, curta, facas, lanças, tridente, bastões, enfim, cada arma associada a maneiras de se defender. Isto também criou uma característica muito importante: não bloquear e não ser atingido. Algumas técnicas de luta consideram somente que os membros do oponente é que nos atingem. Nestas técnicas, receber um golpe faz parte, bloquear faz parte. Para isso é necessário estrutura física para suportar os impactos. Para o Karatê, ser atingido significa a possibilidade de um dano grande causado por uma arma. A defesa de um soco é a mesma que a de uma estocada com uma faca. A preocupação com não ser tocado é grande. Os desvios são mais importantes que os bloqueios. Bloquear um bastão com o braço, pode significar uma fratura. O desvio permite a defesa e cria uma situação de continuidade capaz de desarmar o oponente, seja de um bastão, uma espada ou outra arma qualquer. Inúmeros *Kata* possuem técnicas de defesa contra armas, reside aí a verdadeira arte marcial de defesa, onde o contexto é a vida real, onde os inimigos são perigosos e não somente adversários em um jogo esportivo.

7 O resgate do Karatê como arte marcial de defesa

O "Karatê para a vida", como citei anteriormente, resgata o karatê ancestral, aonde o verdadeiro caminho é o da "não violência", o do autoconhecimento. A busca da perfeição, a consideração inquestionável da tríade corpo-mente-alma e que somos parte de um todo indivisível são a chave para a iluminação. O Karatê verdadeiro não é arte marcial, ou arte da guerra, é a arte da paz.

Na autodefesa, não há combate, não há ataque, existe somente a defesa. Não significa uma defesa passiva, mas uma defesa fulminante ou *"todome-waza"* (golpe definitivo). Também não significa esperar um movimento de ataque para que a defesa seja executada. O ataque começa antes do movimento físico, existe sempre a intenção de ataque formada na mente do agressor. Importante ressaltar que todos os *Kata* começam com defesas.

Falei sobre a efetividade do golpe anteriormente, que está associada a uma lista de prioridades: oportunidade, precisão, estabilidade, velocidade e força. Enfatizo que sem esta percepção, o "karatê para a vida" não é alcançado. Oportunidade ou momento, só é profundamente percebido, com certeza absoluta e alegria se estamos conectados com o todo (eu – oponente(s) – o chão – o ar – enfim, tudo conectado). A alegria vem da não violência, do atingimento da conexão plena, ou iluminação.

Parece um contrassenso, golpe fulminante, mortal, e a não violência, iluminação. É difícil com a nossa mente ocidental entender isso, mas temos que lembrar que segundo o Tao, somos compostos de complementos.

Para mim, o "karatê ancestral", foi contaminado de forma muito severa com os aspectos sociais e culturais do Japão da segunda parte do século XX. Não é uma crítica, mas sim uma constatação. Devo a esta abordagem a minha formação. Mas meu objetivo mudou, e com ele o resgate do passado se faz necessário.

Para entender esta transformação ocorrida no século XX, podemos começar com as modificações efetuadas por Yoshitaka Funakoshi, como o emprego de maior força e movimentações derivadas do *Kendô*. No *Kendô* há combate, não há necessidade de defesa anterior. A atitude de enfrentamento é fundamental. Não poderia ser diferente, é derivado das técnicas usadas nas guerras. Na minha interpretação, ocorreu uma inversão: ao invés de defesa contra a espada, passou-se a atuar como se estivéssemos com a intenção da espada, mas de mãos vazias.

O apelo esportivo levou também a inevitável configuração de combate. Os grandes mestres da segunda metade do século XX foram quase todos excelentes esportistas. Alguns deles foram enviados do Japão para diversos países ocidentais para divulgar a arte marcial japonesa, mas como esporte. Em alguns lugares foi associado a associações de pugilismo, sem grandes traumas. Importante lembrar que nesta época o Japão mudou, perdeu a guerra, foi ocupado pelos EUA (1.945 a 1.952), que apesar de curta, influenciou profundamente os costumes das novas gerações. Empresas ocidentais se instalaram no Japão e o Japão também instalou suas corporações no ocidente. Todos os países sentem necessidade de divulgar sua cultura, são ações governamentais e também dos imigrantes. Mas o Japão tinha algo mais: as artes marciais, que além de tudo invocavam aspectos de virilidade, princípios éticos e filosóficos (honra acima de tudo). E como esporte foi mais fácil, não era necessária uma mente oriental para estudar e praticar o esporte Karatê. Podemos incluir aqui o Judô, do mestre Jigoro Kano (1.860 – 1.938) contemporâneo de Gichin Funakoshi. Eles tiveram uma boa relação, trocaram muitas experiências e ideias. Só para constar, Kano criou o Judô, Caminho Suave (Ju-dô), a partir das técnicas suaves mais primitivas, ou Jujutsu. Nem é preciso aqui ressaltar que o *Dô* indica uma modificação significativa no sentido do Tao. Apesar disso, pela própria formação de Kano entendemos a forma como o Judô foi desenvolvido. Apesar de seguir o magistério, sua família o preparou para ser político e diplomata, era poliglota e se empenhou para que o Judô fosse um esporte olímpico (foi o primeiro japonês a fazer parte do Comitê Olímpico Internacional).

Não há como comparar esporte de luta com o Karatê ancestral, são coisas completamente diferentes. No Karatê a defesa é pela própria vida. Na vida real não há marcação de pontos e penalidades, não há regras de conduta. Armas são usadas, objetos são usados como armas. Não há espaço para a derrota, a derrota pode significar a morte. Não há vitória, pois é contra um semelhante que estás lutando – a consequência é vida ou morte e não vitória ou derrota. Qualquer coisa diferente disso é artificial, é esporte. Uma das poucas coisas que convergem é a não absorção de golpes. Por motivos diferentes: no esporte significa risco de pontuação e no ancestral significa dano que pode ser fatal. Algumas técnicas de luta utilizam a absorção de golpes como estratégia. No Box por exemplo, receber golpes no abdômen e nos braços é comum, assim como na versão tailandesa (*Muay Thai*) onde são usadas outras partes do corpo (pés, cotovelos, joelhos) para atacar além das mãos. No Karatê ancestral não é permitido absorver golpes, pois estes podem ser com o uso de armas (faca, espada, bastão, lança).

O Karatê esportivo minimizou ou até eliminou as técnicas que produzem grande dano e até a morte do oponente, costumo dizer que foi "pasteurizado". Com estas modificações, alguns Kata ficaram com movimentos que não fazem nenhum sentido do ponto de vista de aplicação prática, somente estética. Algumas destas técnicas, atualmente fazem parte de outras modalidades de luta, como projeções, arremessos, rasteiras e torções, estão presentes no Judô, Jujutsu e Aikidô. Resgatá-las e incluí-las nos *Kata*, os tornam muito mais significativos e divertidos. Desta forma, o Karatê adota novamente uma posição fundamental nas artes marciais verdadeiras: complexo, profundo, fulminante, recheado de técnicas das mais variadas naturezas para praticamente todas as situações e contextos. Estas situações, podem ser configuradas de diversas formas: ambientes, terrenos, visibilidade, número de oponentes, armas de corte, perfuração, percussão, entre outras. Podemos também considerar as características do oponente para escolher a melhor forma de agir, estas se estendem além das físicas (habilidade, tamanho, força, velocidade e agilidade), como experiência, inteligência, uso de estratégia e honradez.

Resgatar a forma correta das aplicações é muito importante para sentirmos o real poder de um *kata* e da responsabilidade que temos com o que somos capazes de fazer. É o mesmo sentimento que temos ao empunhar uma arma de fogo, podemos matar alguém. Este sentimento de poder e responsabilidade nos ajuda a compreender nossas limitações e nos ajuda na busca do autoconhecimento.

Um fato bastante importante é relacionado ao melhor momento para uma ação efetiva contra um oponente. A lógica nos diz que é o momento de desatenção de falta de concentração, o que é uma verdade parcial. Não podemos desconsiderar que no momento que estamos sendo atacados, existe uma convergência da atenção e da concentração do nosso oponente em como ele vai fazer isso e a preocupação com nossa reação. Isto cria um momento extremamente propício a nossa ação de defesa e contra-ataque. Assim, não precisamos de artimanhas ou casualidades que venham a distrair nosso oponente, basta esperar que ele ataque. Desta forma a espera pelo ataque se torna uma estratégia bastante poderosa.

Atualmente podemos encontrar o Karatê como defesa pessoal sendo praticado em Okinawa, o berço do Karatê ainda mantém algumas escolas tradicionais que não estão preocupadas com os aspectos esportivos. As diferenças básicas podem ser descritas como:

Posturas mais altas, mais naturais. Facilitam as técnicas de defesa e se apresentam como posições mais próximas da realidade. As posturas mais baixas são usadas somente para o treinamento físico, pois exigem mais energia.

A preocupação com a técnica está relacionada com o "para que" e não o "como". É mais importante entender para que serve uma técnica do que os aspectos físicos e biomecânicos envolvidos nela.

Em Okinawa o *kimê* (usado no Japão) ou a contração final do movimento é substituída por *chinkuchi*. Nesta última, a contração é instantânea, precedida e seguida de expansão. Assim, os movimentos ficam mais fluidos, sem uma completa paralisação. O efeito é a geração de uma onda de choque, muito mais poderosa. Isto é obtido com uma correta e completa articulação do corpo, com relaxamento inicial, geração de energia pela velocidade (e não pela força), aterramento, compressão/expansão, distância e timing. Em chinês a palavra usada é *fa jing*, liberação da energia.

Para defesa pessoal, a distância do oponente diminui (*maai*). As técnicas exigem uma certa proximidade para haver a possibilidade de contato, seguido de uma ação de defesa e contra-ataque. A manutenção de uma distância segura do agressor, muitas vezes eliminam a necessidade de confronto. O contato não precisa ocorrer, pois a melhor forma é sempre se antecipar. Deve-se pensar na intenção inevitável de contato.

8 Aspectos pedagógicos do ensino do Karatê

A forma de ensinar o Karatê moderno, é quase independente do estilo. O modelo deriva sem grandes mudanças definidas pelo sensei Funakoshi. Algum progresso foi feito em termos da formação de atletas e na aplicação de algumas práticas derivadas dos estudos feitos em biomecânica para minimizar lesões e aumentar a performance esportiva. Não significa que o método não é bom para os dias de hoje, o que creio é que primeiro devemos resgatar o verdadeiro significado de estudar e praticar o Karatê. O processo de ensino e aprendizagem deve considerar a unicidade corpo-mente-espírito, não há como se desassociar estes três componentes sem .perder a essência do Karatê. Os princípios definidos no *Bu-Dô*, também são de fundamental importância no processo de aprendizagem. O *Dojô Kun*, e o *Niju Kun* devem sempre estar presente de maneira formal e informal, implícita e explicitamente.

Segundo Kenji Tokitsu Sensei, "As artes marciais são um método de auto educação, o que significa que o objetivo é tornar cada ser humano autônomo e capaz de assumir a responsabilidade da sua própria vida. Apesar de, em princípio, o papel do professor ser fundamental, o aluno não é nunca educado, mas, aprende, guiado pelo professor, a educar-se a si próprio."

De forma geral, no modelo ocidental o aprendizado é obtido através de ciclos: exposição/repetição/aplicação. Os ciclos se repetem até que se obtenha o domínio da técnica, mais à frente o domínio dos aspectos físicos e finalmente a percepção da unicidade corpo/mente/espírito. O comportamento (respeito, humildade, atenção, cortesia e agradecimento) permeia de forma constante durante todos os ciclos.

Os ciclos se repetem continuamente, com incremento da complexidade (inclusão de fatores). Cada ciclo é definido por um conjunto de competências a serem alcançadas para que um novo comece.

Os ciclos são responsáveis pelas Internalizações, Mobilizações e Certificações contínuas do processo de aprendizagem [SCALLON]. Na internalização, o estudante deve realizar as atividades que o levem a identificar o contexto. Na mobilização, é feita a avaliação desta identificação. Na certificação, o estudante é avaliado, se desenvolveu a competência, que deve ser feito através de uma situação-problema autêntica e nova. No nosso caso específico, no início, o estudante é avaliado pelo professor. Em um segundo estágio, pelo professor, pelos colegas e por si mesmo. As proporções das contribuições do processo avaliativo vão mudando. No início a participação do professor é grande, dos pares é média a autoavaliação é pequena. Em um estágio mais avançado, a grande participação é da autoavaliação, seguida da avaliação pelos pares e com uma pequena participação do professor, com foco nas questões comportamentais e espirituais.

Do ponto de vista oriental, através da minha experiência como estudante, e observando os aspectos mais subjetivos do aprendizado, chego à conclusão de que os ciclos são diferentes: enfrentamento / observação / estudo / aplicação. A observação e o estudo têm duplo foco, nos companheiros e em nós mesmos. É algo como: enfrentamos com o que temos (sem a preocupação de estarmos prontos e sabendo como agir corretamente), observamos como ocorreu o enfrentamento e suas consequências, estudamos as técnicas e os aspectos emocionais envolvidos e finalmente realizamos a aplicação onde não há o enfrentamento. Esta contínua experimentação, além do aprendizado, contribui significativamente para o processo de autoconhecimento.

Com o passar do tempo deve haver uma inversão dos objetivos, os aspectos técnicos deixam de ser tão importantes, dando lugar aos aspectos espirituais e mentais. Já os aspectos comportamentais são constantemente enfatizados, a mudança se dá na naturalidade das suas demonstrações e autopercepção. Esta experiência é dinâmica, sempre em movimento, não encontra um fim, mas a busca do equilíbrio na estrutura corpo-mente-espírito. Com este princípio, enfatiza-se o *Karatê para a vida* – uma jornada a caminho da iluminação, da transcendência.

Na minha opinião, é importante pensar e planejar o processo avaliativo baseado no indivíduo, deve ser uma medida de evolução e não uma medida absoluta. Para isso o professor deve fazer um registro histórico das suas percepções em relação a cada estudante. Na avaliação, é verificada a evolução em relação a este registro histórico. Existem aprendizados que para determinados indivíduos são bastante difíceis, uma pequena evolução, pode significar um grande esforço. Devemos sempre valorizar mais o esforço do que o atingimento de metas absolutas. Algumas das habilidades, ou skills como atualmente são chamadas, são extremamente subjetivas. Por isso a contribuição de observações dos colegas e do próprio estudante são muito importantes. Outro aspecto a ser considerado, é a capacidade do professor de avaliar um conjunto tão complexo de habilidades. As técnicas são mais fáceis, mas quando adentramos às comportamentais e espirituais, é preciso de grande experiência e maturidade.

Um dos grandes desafios da educação contemporânea é no sentido do ensino/aprendizagem das soft skills, bem como de sua avaliação. O termo mais usado atualmente para avaliação é *assessment*, em inglês. Significa avaliação de desempenho com orientação, apresenta a tendência de potencial, performance e comportamento. É o mesmo desafio que o ensino do Karatê possui, a diferença é que faz parte de práticas e estudos que datam de mais de cem anos. Apesar disto, não apresenta atualmente uma solução ideal, muito provavelmente pelo fato de que o Japão adotou o modelo de ensino ocidental a partir da época da restauração de 1.868. Este modelo afetou muitos dos professores que definiram as bases pedagógicas do Karatê, como o sensei Funakoshi e seus seguidores. Assim, a busca de uma abordagem clássica/ancestral do processo de ensino/aprendizagem e avaliação das habilidades comportamentais e espirituais, oferecerá uma visão alternativa e com grande potencial. O problema disto é que não há registros de como se davam os ensinamentos muito menos as avaliações. A solução que proponho é baseada no modelo mental oriental: identificar filosoficamente, psicologicamente e espiritualmente como o pensamento oriental se formou e incorporá-lo ao nosso. Não podemos ter a esperança de mudar completamente, mas introduzir aspectos do modelo oriental para podermos usufruir o melhor de ambos: ocidental e oriental.

Para um verdadeiro aprendizado do *Caminho das Mãos Vazias*, precisamos considerar algo muito além do modelo mental: autoconhecimento e sentimento de pertencer ao todo. São processos que continuamente devem ser desenvolvidos para levar consigo as habilidades importantes para uma relação equilibrada do nosso ser, com nossos semelhantes e com a natureza. Por equilibrada, compreenda paz e tranquilidade. O autoconhecimento promove a autoconfiança através da aceitação plena de nossas limitações. Aceitar as limitações, não significa que devemos mantê-las, mas é apresenta o caminho para a evolução. O sentimento de pertencer ao todo gera empatia, compaixão. São sentimentos que transformam de forma vigorosa e positiva nossas vidas e daqueles que fazem parte dela. Todos esses processos exigem introspeção e concentração, a meditação é o exercício fundamental, seja ela por trabalho meditativo ou *Zazen*. São processos longos, não são fáceis, exigem muita persistência e resiliência. Neste exercício, nos transformamos completamente e continuamente. Para acelerarmos o processo, podemos usar os conceitos e alguns métodos desenvolvidos por Viktor Frankl. Não é o caso de pensarmos em uma psicoterapia, longe disso. Frankl com sua impressionante visão humana do mundo e considerando a unicidade do ser, corpo-mente-espírito, criou métodos relativamente simples para a busca do sentido de vida. A dimensão espiritual, por exemplo, pode ser exercitada através de trabalhos voluntários, ajuda aos necessitados. Isto somado ao processo meditativo, na intenção de busca da relação com o todo, é muito poderoso. Ressaltando que na meditação, além do processo de individuação, a percepção da noosfera e de que fazemos parte dela, é o resultado direto obtido. O indireto é a empatia, quando temos consciência de que fazemos parte de uma unicidade, de um único todo, e que dependemos dos demais para atingirmos a iluminação, não há como não percebermos os demais de forma empática, repleta de compaixão. Outro exemplo muito significativo é a da autoconsciência, termo usado por alguns logoterapeutas para indicar o que fazer com o autoconhecimento. Com meditação e a busca do *Tao* pela meditação (seja ela *Zazen* ou trabalho meditativo), nem sempre é evidente o que fazer com o autoconhecimento. O pragmatismo das técnicas psicoterápicas de Frankl se baseiam em pensamentos e atitudes simples, acessíveis a todos, de complexo já basta o nosso ser e a nossa capacidade de complicar tudo. Os valores definidos por Frankl para a busca do sentido de vida são: criativo, existencial e de atitude. O criativo está associado a produção de algo novo, não necessariamente inovador ou muito sofisticado, pode estar até relacionado a uma forma nova de realizar algo comum. O de atitude é o que efetivamente você faz para mudar alguma coisa, tanto exteriormente como interiormente. E o existencial, alinhado com o pensamento oriental, é sentir-se parte do todo e iluminar-se com a energia advinda dele. Admirar, contemplar, mas principalmente se regozijar e se entusiasmar com as coisas belas da natureza e aquelas produzidas por você e pela humanidade. Entusiasmar, é o objetivo, no seu significado temos: estado de exaltação do espírito de quem recebe, por inspiração divina, o dom da profecia ou da adivinhação. Uma grande emoção por sentir-se parte de um todo tão belo inspirando sentimentos profundos que alimentam positivamente nosso ser.

O modelo de ensino de Okinawa versus o Japonês

Como citamos anteriormente, o modelo de ensino do Karatê em Okinawa é bem diferente do modelo tradicional japonês. É neste em que a proposta pedagógica a seguir é baseada.

Okinawa faz parte do Japão formalmente desde 1.879, mas a influência japonesa vinha desde meados do século XVI. O clima é diferente do restante do Japão, subtropical com temperaturas de 10° a 40° C, com praias exuberantes e belezas naturais. Possui características vibrantes e expansivas que destoam do ar mais sério e formal dos japoneses. Talvez por isso, a maneira de ensinar o Karatê em Okinawa é tão diferente do restante do Japão. Além das diferenças citadas, as aulas são menos marciais. Horários flexíveis, poucos estudantes e um mestre mais próximo. Os aspectos comportamentais e espirituais são apresentados pelo mestre através do seu modelo e exemplo, e não por imposição. Já o ensino no Japão é para um grupo muito grande de estudantes, muitas vezes impessoal, muito técnico. As primeiras aulas foram para as forças armadas, já acostumadas com um espírito rígido e modelos de comportamento impostos. O interessante é que isto causou uma modificação técnica indesejável: para poder ser visto por um número grande de estudantes, os mestres exageravam nos movimentos, os tornando muitas vezes artificiais e pouco efetivos do ponto de vista de aplicação real. As distâncias aumentaram, inviabilizando algumas vezes as técnicas de defesa pessoal, que exigem uma proximidade adequada para a execução correta dos movimentos.

Um ponto de atenção muito importante, quando nossa intenção é com o "para que" e não "como", é relativo à biomecânica. A aplicação real (para que ou porque) pode nos levar a uma certa desatenção quanto a preservação das nossas estruturas musculares e esqueléticas, prevalecendo a efetividade do movimento em detrimento da biomecânica. O uso correto do nosso corpo é fundamental para a efetividade do movimento e para a manutenção da nossa saúde. No treinamento para fortalecimento muscular e aumento do desempenho cardiorrespiratório deve ser pautado pela correção biomecânica dos movimentos, talvez até mesmo deixando um pouco de lado a aplicação.

A forma de ensino de Okinawa lembra o conceito de *"Golden Circle"* (Círculo Dourado), que foi apresentado por Simon Sinek em seu livro "Comece pelo Porquê? Como Grandes Líderes Inspiram Ação" (*Start With Why: How Great Leaders Inspire Everyone to Take Action*) [SINEK]. Ele criou uma metodologia para desenvolver o valor de uma nova ideia. O círculo dourado funciona em três níveis: *Why, How* e *What* (porque você faz, como você faz e o que você faz). No karatê, um dos nossos produtos é a ação contra um oponente que nos ameaça. Esta visão ocidental nos ajuda a compreender melhor um princípio fundamental do processo de ensino e de aplicação, não só das técnicas de combate, mas das relativas à busca pelo caminho.

9 Meditação

Até agora, a palavra Meditação e suas derivadas apareceram neste texto cerca de cinquenta vezes, em contextos semelhantes e alguns distintos. Neste momento, creio ser importante uma espécie de conclusão parcial sobre a Meditação, um fechamento baseado nas informações e reflexões que foram apresentadas. É importante para podermos seguir sem grandes dúvidas e gradativamente compreendermos cada vez melhor e mais profundamente esta prática tão simples e ao mesmo tempo tão difícil. A dificuldade reside na necessidade de muito esforço e comprometimento contínuos.

Já há algum tempo, meditar se tornou uma atividade muito estudada e discutida, com a publicação de incontáveis livros, documentários, web sites, aplicativos (softwares), pesquisas acadêmicas sérias e outras nem tanto. Meditar se tornou algo mágico, a solução para quase tudo, um remédio para os males do nosso dia a dia e um caminho místico para a paz e a tranquilidade.

A versão ocidental, o *mindfullness,* é apenas um dos aspectos das técnicas para o aprendizado e treinamento para a meditação, chamado também de "atenção plena". Nele, o objetivo é a concentração plena no presente, do "agora". Pode ser utilizado também como técnica para a solução de problemas, onde a atenção é focada nos aspectos relacionados a este. Inclui não somente a atenção aos pensamentos, mas também aos sentimentos e percepção do ambiente. Existem muitas críticas a respeito do *mindfullness,* muitas delas compartilho e são facilmente percebidas quando da prática do Karatê. A mais evidente é a necessidade de gasto energético para a manutenção do foco. Na tradição védica, meditar está fundamentada no relaxamento e não na manutenção do foco: assim, a mente e os pensamentos relaxam naturalmente, resultando em mais foco e clareza – muito mais próxima do que ocorre na prática do Karatê.

Na Ásia, no budismo e no hinduísmo, meditar significa "cultivar e conhecer algo". Para meditar, é preciso de uma motivação verdadeiramente altruísta, um amor incondicional. A meditação tem como princípio fundamental o cultivo das qualidades humanas básicas, como a atenção, a bondade amorosa e a liberdade interior. O caminho oriental para a meditação pode ser dividido em duas fases: treino e familiarização. Na primeira, o treinamento, consiste em aumentar a compaixão, o equilíbrio emocional e a paz interior. Na segunda, a familiarização, o objetivo é conhecer melhor como nossa mente funciona, observando-a. Assim, podemos identificar mais precisamente quais os estados mentais provocam sofrimento em nós e nos outros e quais nos livram do sofrimento. Não podemos ignorar as causas do sofrimento, e sempre as considerar como impermanentes, temporárias. Meditar é descobrir as causas do sofrimento e o seu antídoto. Ao mesmo tempo, devemos descobrir as causas da nossa felicidade para podermos potencializá-las, sempre considerando que também são impermanentes. Na prática budista da meditação, o resgate de sentimentos e sensações que nos remetem ao amor incondicional e a paz interior, é que são a chave para destravar o processo. Este resgate pode ser ativado pela atenção plena a quem amamos e reproduzir o sentimento de amor incondicional sem a necessidade de uma lembrança cognitiva. A sensação de contemplação de cenários naturais exuberantes que nos conectam com a natureza, e a sensação de intimidade nos remete a liberdade interior.

No sentido *yogico*, é qualquer prática ou atividade que conduza os sentidos, juntamente com a mente, a estados mais calmos de consciência, de maneira natural e sem esforço. Nada de forçar, disciplinar, insistir. Ao usar as ferramentas que estão fora da mente, podemos simplesmente permitir que os sentidos se aquietem para que a mente se aquiete. Deixar a mente divagar, pensar, convide-a a pensar, dê-lhe permissão para ela fazer o que quiser. Não faça nada diferente com sua mente. Apenas seja. [PATEL]

Definir meditação é algo bem ocidental, creio que para os orientais, principalmente os hindus, é talvez, algo sem sentido. Seria como definir respiração, faz parte de nossa vida a cada instante, e ninguém precisa de uma definição para respirar. Classificar então, é mais ocidental ainda e menos oriental. Mas pode-se dizer que há três maneiras de se praticar a meditação: atenção focada, monitoramento aberto e transcendência automática do ser. Creio que estas definições têm a ver com os estudos científicos desenvolvidos pelos neurocientistas ocidentais. As duas primeiras são relativas à concentração e monitoramento mental, utilizadas nas técnicas de *mindfullness* e basicamente regulam a atenção. Na tradição védica, a meditação é a da transcendência do eu, ou meditação transcendental. É uma atividade sem esforço, criada para trazer corpo e mente para um estado profundo e restaurador. A base do vendanta é o conhecimento de que somos perfeitos, a qualidade inata de quem somos, consciência viva e imutável e pura felicidade. Com o relaxamento, estas qualidades vêm à tona naturalmente. "Como um rio que flui para o oceano, a mente flui naturalmente para as águas tranquilas da pura consciência, para a fonte de energia e inteligência em nosso âmago". [PATEL]

Gosto de imaginar que a meditação é o processo em que substituímos a água turva dentro de um copo (nossa mente) por águas cada vez mais limpas até finalmente termos só ar preenchendo o copo. O ar, que todos respiramos, nos conecta, cria empatia, a compaixão. Não há como esvaziar completamente a mente, é como nosso coração: podemos através do repouso e da tranquilidade da respiração diminuir a frequência dos batimentos do coração, mas este sempre vai bater.

No Karatê, o processo meditativo segue o mesmo princípio: aquietasse o corpo, a mente e finalmente a alma. Durante a execução, nosso corpo está em atividade, a mente calma e a alma tranquila. Parece um paradoxo, o corpo em movimento, muitas vezes extenuantes, velozes e com consumo de muita energia. Como citei anteriormente, podemos ter muitas maneiras de se executar os *Kata*, desde as mais tranquilas até as muito intensas. Nas intensas, o paralelo que faço é com um rio caudaloso. Apesar da grande energia produzida e consumida pelas águas e pelos leitos, a imagem é de uma tranquilidade natural, em um primeiro momento, pode parecer perigoso, mas com a contemplação percebemos a beleza natural e a transcendência ocorre facilmente. Durante a execução do *Kata* é que vivenciamos plenamente este processo meditativo. Nos momentos de aprendizagem a experimentação deve ocorrer. Estes são mais curtos e permitem fazermos comparações, observar qual o estado da mente em cada momento e como nosso corpo reage aos estímulos do aprendizado. Por corpo, devemos considerar a sua totalidade. Além do óbvio, como a estrutura muscular e esquelética e o sistema cardiorrespiratório, nossos sentidos. São os sentidos que nos conectam com o ambiente, nos permitem perceber além dos limites das fronteiras físicas no nosso corpo. Por isso, gosto muito de praticar ao ar livre, durante a execução, não deixar de perceber todos os estímulos que nos rodeiam, vento, iluminação, temperatura, sons, cheiros e composição destes. Se tivermos pessoas e animais por perto, melhor ainda. Não há distrações, são estímulos para nossos sentidos e a possibilidade de expansão da consciência. Na prática em espaços de treinamento (*dojô*), onde ocorre o aprendizado formal e o treinamento em si, a atenção de nossos sentidos deve se estender aos nossos colegas, pois o ambiente é conhecido e não ocorre grandes modificações a serem percebidas. Tão rico como ao ar livre nos estímulos, mas mais intenso. Respirações, transpirações, foco dos olhares, distâncias, sincronismo, uma infinidade de possibilidades de expansão de nossa consciência, mas agora em nossos semelhantes, nossos colegas. O aprendizado gera uma satisfação monumental, é uma mistura da produção de endorfinas pela própria atividade física adicionada pelo aprendizado em si. Este sentimento de felicidade fisiológico aos poucos transformamos em um sentimento de gratidão, pois é a sua base fundamental. A gratidão nos eleva espiritualmente, nos conecta com o todo. Para mim, este é o caminho para a completarmos o processo de meditação. Este é também a chave para nos conectarmos aos antepassados que de uma forma ou de outra, contribuíram para a criação e o desenvolvimento do Karatê.

O vedanta e o budismo concordam plenamente que a meditação é a chave para alcançar o autodomínio e o caminho para o autoconhecimento. No vendanta não há o foco na respiração, mas sim o seu uso. Há também o fluxo mental, o elemento de ausência de esforço. Estas questões aproximam o conceito védico no utilizado durante a prática do Karatê.

Em muitos *Kata* encontramos defesas contra armas antigas como espadas, lanças, bastões, tridentes entre outras. Trazer à tona a necessidade original de tais movimentos é transformador: um paradoxo, nos coloca num contexto de perigo mortal e ao mesmo tempo nos sentimos na pele destes mestres ancestrais, onde a vida e a morte dependiam de decisões extremamente rápidas, equilibradas, tranquilas e serenas. Para o medo não havia lugar, o desespero causava morte. Reações emocionais eram substituídas por ações planejadas. Só se alcança este estado com um profundo autoconhecimento e conexão com o todo. O mundo é repleto de ameaças, e estas podem ser encaradas de duas formas: com medo ou com confiança na vida. O medo nos torna rígidos, como a folha arrancada pelo vento por não se curvar a ele (Ramayana). Lembrando das verdades nobres budistas, de que tudo é impermanente, o medo se transforma em esperança através da flexibilidade do nosso ser. Cultivando e nutrindo estas sensações é que caminhamos no sentido da meditação verdadeira, em busca da iluminação, do *Tao*.

Acho importante enfatizar que transcendência, em todas as citações que faço, não tem nada a ver com experiências metafísicas ou percepções que vão além da realidade que percebemos com nossos sentidos humanos. Viktor Frankl, o criador da Logoterapia, define como autotranscendência a característica que define a humanidade: "Na realidade, o essencial da condição humana é o fato de autotranscender-se, que haja algo mais em minha vida que não seja eu mesmo". Além disso, ele entremeia autotranscendência e responsabilidade: "Ao declarar que o ser humano é uma criatura responsável e precisa realizar o sentido potencial de sua vida, quero salientar que o verdadeiro sentido da vida deve ser descoberto no mundo, e não dentro da pessoa humana ou de sua psique, como se fosse um sistema fechado. Chamei esta característica de autotranscendência da existência humana". [FRANKL]

10 Um caminho para a prática do *Kata*

A proposta é o aprendizado através do Karatê como defesa pessoal, mas a intenção é o autoconhecimento, o pertencimento ao todo e um profundo sentimento de gratidão e compaixão. Por isso a identificação como *Kata Meditativo*. A busca da transcendência, da iluminação, da individuação, através da prática meditativa do *Kata*. Configurado como trabalho meditativo em um estado alterado de consciência. Imaginação ativa de Jung, na sua excelência. Um caminho para ativarmos o *Movimento Circular da Luz*.

Esta parte do texto foi, com certeza a mais difícil de ser produzida. Eu precisava me colocar como um mestre, um professor com conhecimento suficiente para poder transmiti-lo. Nos meus anos de dedicação ao Karatê sempre priorizei o aprender em detrimento do ensinar. Em contrapartida, no ambiente acadêmico, por três décadas minha prioridade era ensinar. Descobri rapidamente que para ensinar é preciso saber aprender e também desaprender. Na minha dinâmica como professor universitário sempre foi o de estudar e ensinar, e algumas vezes desaprender para eliminar preconceitos e julgamentos. Felizmente a PUCPR, sempre ofereceu aos docentes muitas oportunidades de aprendizado relacionado com os aspectos pedagógicos mais modernos e adequados ao nosso tempo. Isto me apresentou horizontes significativos, sem deixar de considerar os aspectos e fundamentos ocidentais de tais horizontes. Por ter começado muito cedo, e uma relação muito intensa com o sensei Júlio Takuo Arai, conversávamos muitas vezes sobre os aspectos pedagógicos – basicamente em quais os melhores métodos de estudo, de ensino e de aprendizagem. Ele compartilhava comigo a enorme diferença entre treinar e estudar, treino e aula. Posso contar também com quase uma dezena de mestres que tive a honra de conhecer e participar de aulas e treinamentos [Prefácio, Agradecimentos]. Durante a minha vida como *Karateca*, tive também muitos momentos em que experimentei a condição de docente: por ser algumas vezes o mais velho (*senpai*) ou o mais experiente ou graduado assumia as aulas quando necessário, ou mesmo atuava como auxiliar. Durante estes anos, sempre senti a necessidade de incrementar o processo de aprendizado com as questões que abordo neste texto, como citei anteriormente "um modelo mental oriental deve facilitar o aprendizado."

Considerações iniciais

Não é minha intenção descrever detalhadamente os *Kata* que escolhi como referência para o início do aprendizado. Existem inúmeras publicações que, através de fotos, desenhos e textos podem ser utilizadas para esta finalidade. Há também uma imensidade de vídeos on-line. Sempre considerando que existem diferenças por causa dos estilos, escolas e até de federações esportivas. A maioria dos livros, a meu ver, apresenta os *Kata* de forma "pasteurizada" para o aprendizado, eliminam boa parte das interpretações mais letais e que podem tornar o aprendizado mais complicado. O clássico *"Karatê-dô Kyohan"* denominado de "Texto Mestre" do sensei Funakoshi apresenta os principais *Kata* através de fotos, diagramas e textos. Os outros que já utilizei para estudo foram os do sensei Masatoshi Nakayama, "O melhor do Karatê" e *"25 Shoto-Kan Kata"* do sensei Shojiro Sugiyama.

O que pretendo é contribuir para uma visão diferenciada do processo de aprendizado, pode ser utilizado por quem já possui algum conhecimento, ou para aqueles que querem iniciar de forma solitária, autodidata. Pode ser também para aqueles que estão praticando em uma escola, com o cuidado de respeitar as diferenças em relação ao método de ensino do seu professor.

Qualquer aprendizado requer algumas predisposições, em alguns casos, a meu ver, a mais importante é: "saber desaprender". Não somente para aqueles que já possuem algum conhecimento, mas para os completamente leigos também. Desaprender é o desapego das ideias preconcebidas. Ao longo das minhas experiências na transmissão dos conhecimentos aqui relatados, percebi que mesmo pessoas que nunca praticaram Karatê possuem "vícios do corpo" – a consciência corporal precisa ser revista. Na maioria das vezes ela é muito fechada, reflexiva. A consciência corporal deve obedecer ao conceito fundamental da consciência: só tenho consciência da minha pessoa quando percebo o outro. Não como ter consciência individual, precisamos dos outros para isso. No caso do *Kata*, não significa a necessidade da prática coletiva (ou no mínimo em duplas), pode ser individual, mas com a percepção verdadeira do outro. O exercício que nos ensina isso é simples: imagine o seu oponente, crie, fantasie, alucine se for preciso. Isto é poderoso e bastante divertido. Isto nos leva a segunda predisposição: o entusiasmo. Tem que ser uma diversão e não uma obrigação. A etimologia da palavra entusiasmo diz tudo: Do grego *enthousiasmós*, "inspiração divina". Este estado é fundamental para atingirmos alguns dos propósitos que veremos no próximo parágrafo.

Dedicação e Persistência

A prática do *Kata* é um contínuo exercício de dedicação e persistência. Não é apenas uma atividade em que a repetição pura e simples é o suficiente. A cada repetição é necessário a intenção de fazer melhor. A busca contínua por fazer melhor exige dedicação integral, dedicar-se de corpo, mente e espírito. Não desistir, ser resiliente, enfrentar as adversidades com vigor, completa o necessário para termos uma busca verdadeira pela autorrealização, a perfeição pessoal. Este intuito contamina nossa vida, é um exercício que nos prepara para tudo, o fácil e o difícil, torna o difícil fácil. Impede que nos coloquemos em posição de vítima, nos dá coragem e determinação. Esta busca não tem a intenção de colocar a vida como um desafio, algo a ser vencido ou enfrentado.

Vale a pena lembrar do *Ramayana*: Tudo na vida tem um sentido ou um propósito, aceite o fluxo natural da vida, não resista.

Este exercício repetitivo pode nos lembrar o "Mito de Sísifo". Rei da Tessália (Corinto, Grécia Antiga), Sísifo, o homem esperto que enganou os deuses. Como castigo foi condenado por Hermes (o deus mensageiro e condutor das almas para o Além) a passar a eternidade empurrando uma pedra até o topo de um monte, esta caía invariavelmente ao chegar no cume. Este processo era repetido para todo o sempre. Esta história é muitas vezes comparada com a nossa vida: acordamos, trabalhamos, vamos dormir. Um ciclo que pode levar à questionamentos não muito saudáveis. A punição é extremamente trágica pois apresenta a "consciência do trabalho em vão". O filósofo prussiano Friedrich Nietzsche nos ajuda a compreender esta situação e como nos livrar da armadilha dos questionamentos insalubres: "Parece claramente que a coisa mais importante no céu e sobre a terra é obedecer por muito tempo e numa mesma direção: com o passar dos dias, surge daí alguma coisa pela qual nos vale a pena viver sobre esta terra, como a virtude, a arte, a música, a dança, a razão, o espírito, alguma coisa que transfigura, alguma coisa de refinado, de louco ou de divino".

A prática constante e repetitiva nos torna mais pacientes, percebemos que quase nada vem de uma hora para a outra, não há receita mágica para ganharmos tempo. Não há espaço para a ansiedade. A recompensa vem com mérito e os pequenos avanços e superações são acompanhadas de um sentimento de alegria muito grande. Quando estamos praticando com esta intenção, algo interessante ocorre: ao olharmos para o relógio, tentamos retardá-lo, como se quiséssemos mais tempo. Se olharmos para o relógio e implorarmos pelo avanço, estamos no caminho errado.

O aprendizado pelo Kata

A proposta é ambiciosa. Para isso devemos, como um bom texto Chinês, começar pelo mais profundo, o mais complexo. Diferente do método tradicional moderno, o da análise, ou *bunkai*. O método pode ser chamado de *Oyo*, que entre outros significados quer dizer união ou o todo (no japonês moderno, significa mundo). No método *bunkai*, o *kata* é fragmentado, quebrado em partes, na tradução significa desmontagem. É exatamente o inverso que define o *Oyo*.

O formalismo associado aos *Kata* não deve mecanizá-los, não é uma competição pela forma. As interpretações precisam ser realistas, e nas técnicas, prevalecer o porquê e o para quê. Um soco nem sempre é um soco, uma defesa ou bloqueio nem sempre é uma defesa ou bloqueio, uma mudança de direção nem sempre é para enfrentar um outro oponente. A realidade que se apresenta é feroz e implacável, assim, nossas ações precisam ser fulminantes, mortais. Os *Kata* representam situações de alto risco, nossos oponentes não querem nos machucar, mas sim nos eliminar. Para isso usam de diversas armas e artimanhas. A integração do nosso corpo, mente e espírito em um ser único é fundamental para este enfrentamento.

Primeiro devemos pensar nos *Kata* que aprendemos como joias, que vão compondo uma luz que vai iluminando nosso Caminho. Devemos guardá-los na mente, no coração, no corpo, na alma. Eles nos pertencem e não o contrário. Aos poucos fazem parte do nosso eu, como membros que são adicionados ao nosso ser. Eles têm a intenção da não-ação, mas são fulminantes contra quem nos oferece perigo. Nossos oponentes não são inimigos, não são pessoas reais, podem ser as projeções das "participações místicas". Podemos também criar personagens para as projeções. Estes personagens são imagens de nosso inconsciente em um exercício de imaginação ativa. Ao eliminá-los, eles viram fumaça, mas se recompõem para que possamos recomeçar e trilhar o caminho da perfeição. A ativação do inconsciente coletivo onde os mestres do passado, os criadores e dos subjugados, é de extrema importância. Isto pode ser obtido de forma consciente, cognitiva, nos colocando na situação e no contexto. Com o tempo, passamos a simplesmente sentir o que eles sentiam, sem a necessidade de pensar nisto.

Os *Kata* possuem um desenho preciso, o *embu-sen*, com um início e final no mesmo lugar. Para isso, foram incluídos movimentos com o objetivo de manter simetrias e regularizar os deslocamentos. O aspecto estético prevalece e aparentemente isto cria uma certa artificialidade em alguns momentos, mas a ideia é o domínio do espaço. Podemos, e devemos praticar também com a eliminação destes movimentos extras, pensando em uma aplicação real, com oponentes em número e reagindo de forma real. Devemos ao máximo evitar as hesitações, são momentos de perda de concentração. Para evitá-las, precisamos descobrir sua origem. Erros não são um problema, desde que as hesitações não façam parte. Penso em erros como uma espécie de desobediência dos oponentes ao formalismo do *Kata*, uma permissão para o improviso, imaginação e criatividade. É semelhante ao definido para as estratégias adaptativas para os confrontos. Ou como *Sadhguru* (Jagadish Vasudev) define: "a rigidez é estúpida". Ele observa como, em muitos níveis, cultivamos a rigidez e o que cria uma barreira que não nos permite florescermos. Mas esta flexibilidade, deve sempre fazer parte de uma reflexão posterior, construtiva. Precisamos identificar também sua origem, pode ser algo muito significativo vindo do inconsciente, ou simples por conta de alguma limitação física. Isto não quer dizer que podemos "errar". Como já citado anteriormente, existem infinitas maneiras de se praticar o *Kata*, a que segue as regras do aprendizado é uma delas, mesmo após o aprendizado estar relativamente consolidado.

Cada estilo e cada federação possui um conjunto de *Kata*, este define uma sequência de aprendizado para a maioria das escolas. Alguns *Kata* estão presente em diversos estilos, com nomes distintos e com algumas diferenças. Existe uma classificação informal em função do objetivo:

- *Kihon Kata* – de treinamento inicial;
- *Ritogata* – de combate;
- *Rentangata* – de desenvolvimento físico;
- *Hyoengata* – de demonstração;
- *Shitei Kata* – exigidos em competições e em exames;
- *Tokui Kata* – pessoal, escolhido como preferido.

Mas para a maioria dos praticantes que ultrapassaram algumas décadas de estudo e treinamento, esta classificação não tem muito sentido.

Os *Kihon Kata* (ou *Takyoku*) são relativamente simples, utilizam poucas técnicas e são utilizados para o aprendizado das bases, posturas, dinâmica de movimentação e das defesas e contra-ataques. Os aspectos relativos à respiração, contração-expansão, estabilidade, sincronismo e alinhamentos da estrutura corporal, incrementam a complexidade, os tornam companheiros ideais para toda a vida. Apesar do objetivo ser o aprendizado inicial, a percepção da utilidade e da aplicação prática é bem importante. Assim, mesmo simples, podem guardar dentro de si aplicações complexas dependendo da interpretação.

Heian – Paz e Segurança, o início do aprendizado

Um bom começo é através dos *Kata* definidos pelo sensei Funakoshi como os *Heian* ("paz e segurança", "paz e tranquilidade", "mente em paz"). Pode ter também alguma referência ao período da história de 794 a 1.185, onde o Japão experimentou o declínio das influências estrangeiras, principalmente chinesas. Houve a assimilação ou a "japonização" da cultura chinesa importada.

Os *heians* tem como origem o desmembramento do *Kata Kusanku* ou *Kanku-dai* (os nomes variam dentro dos estilos). Esta divisão teve como objetivo a simplificação para o aprendizado). São cinco formas que reúnem um conjunto relativamente completo de situações de defesa pessoal, das mais simples até algumas bem sofisticadas. Sua origem é a escola *Shuri-te*, original da capital do reino *Ryukyu*, a cidade de *Shuri* (antes da unificação do Japão, hoje distrito da cidade de *Naha*, na ilha de *Okinawa*). Os fundadores da escola foram os mestres Anko Itosu (1.831 – 1.915) e Sokon Matsumura (1.779/1.809 – 1.899), ambos professores de Funakoshi. O estilo da escola *Shuri-te* é baseado em golpes que visam pontos vitais do oponente (*atemi-waza*) e na finalização efetiva do oponente (*ikken hissatsu* ou termo mais recente *ippon kowashi*) – aniquilar em um só golpe.

O princípio da realidade citado anteriormente é muito importante para podermos executar os *Kata*, ou melhor realizá-los (tornar real). Realidade exige situação natural, tudo o que foge do natural ou convencional acaba ficando artificial, sem propósito. Os cinco *Heian* são para o aprendizado, assim, não faz sentido algumas interpretações que os tornam mais do que se propõem (principalmente aquelas que consideram muitos oponentes, ou que relacionam o *embu-sen* ou as simetrias com alguma aplicação real extremamente complexa). Apesar disso, os movimentos presentes nestes cinco *Kata*, são suficientes para a grande maioria das situações de conflito. Os *Heian* possuem um conjunto elaborado de exigências físicas que permitem através de sua prática contínua, mantermos nosso corpo em forma, flexível e saudável.

A seguir, farei uma série de descrições sobre posições, golpes, defesas, enfim, movimentações que seriam muito mais fáceis de serem feitas através de diagramas, fotos e até vídeos. Propositalmente escolhi escrever para que o leitor possa se imaginar realizando os movimentos durante a leitura.

Começam com a mesma postura, posição natural, pernas estendidas, pés separados com uma distância semelhante à dos ombros. Os braços estão estendidos à frente, com uma distância entre si na mesma direção dos pés e do corpo de maneira que as mãos fiquem a cerca de um pé do centro do quadril. É uma posição bem natural, se fecharmos os olhos e se a fizermos sem pensar muito, a chance de fazer da maneira descrita é grande. Esta posição, apesar de natural e relaxada, é uma posição em que devemos imaginar que o oponente está nos segurando pelos pulsos. Esta situação é bem comum em um embate. As pessoas se agarram, seguram os braços para evitar que o oponente os use para nos atingir. As pernas estão muito próximas, assim, o uso delas requer mais habilidade. Aqui temos oponentes adequados ao objetivo do *Kata*, as habilidades deles não são superiores. A partir desta situação é que iniciamos os movimentos, que obviamente são para nos livrarmos do agarramento do oponente. Cada um dos *Heians* usa uma estratégia diferente para isso e com uma reação de contra-ataque que visa finalizar este primeiro oponente. Os demais movimentos são relativos a outros oponentes e a manutenção da simetria e estética do *embu-sen*.

Um exercício bem importante é identificar precisamente quantos oponentes temos em cada *Kata*, com isso fica fácil de identificar quais são os movimentos de simetria e estética. Esta é uma interpretação, que varia de pessoa a pessoa. As interpretações dos mestres, clássicas e esportivas são diferentes, devemos ter a nossa própria, aquela que faz sentido para nós. A individualidade da interpretação é importante, mas precisa ser coerente, eficiente e eficaz. Cabe lembrar a diferença entre estes dois conceitos: A eficiência seria o ato de "fazer certo as coisas", enquanto a eficácia consiste em "fazer as coisas certas". Eficiência é relativo à aplicação correta da técnica e eficácia a escolha correta da técnica baseado na necessidade que se apresenta. Nesta abordagem, a interpretação clássica é a utilizada, a que resgata o aspecto de defesa pessoal e a ancestralidade original do caminho das mãos vazias.

Considero como simetria movimentos idênticos, mas simétricos em relação a orientação da ação ou do movimento de transição de posição (avanço, retrocesso e esquiva).

Simetria e ajustes de posição não contam como movimentos contra oponentes, se fizermos isso, incorremos em dois complicadores: um número grande de oponentes e defesas em direções com rotações artificiais. Por isso comentei que precisamos manter o propósito dos *Heians*, estes complicadores significam extrema habilidade de combate, não adequada para o aprendizado. As interpretações que consideram mais oponentes e ataques vindo de diversas posições não são incorretas, mas são apropriadas para uma fase posterior de aprendizado. O aprendizado não pode se resumir na leitura e na observação, deve haver a prática. Aqui cabe também o ciclo que mencionei nos aspectos pedagógicos: enfrentamento / observação / estudo / aplicação. O enfrentamento é mental, suportado pelo corpo e elevado pelo espírito. Assim, mantemos a unidade do ser.

Como veremos a seguir, podemos praticar de forma individual e coletiva. Cada uma apresenta facetas do processo de aprendizado e do processo meditativo.

Heian Shodan (1º Kata)

O início do aprendizado não pode requerer algo que nos apresente muita complexidade, assim o primeiro *Kata* é simples, mas muito eficiente em diversos aspectos. É importante definir o seu objetivo maior e a estratégia utilizada.

Considerações iniciais: todo *Kata* começa com um movimento de defesa, os demais movimentos normalmente são compostos por defesas e contra-ataques. Não existem ataques sem antes ocorrer uma defesa ou uma esquiva. Os movimentos de defesa com os braços, são na sua maioria uma composição: os dois braços e mãos atuam na defesa, que muitas vezes é uma espécie de defesa seguida de contra-ataque imediato. Assim, um posterior golpe ofensivo posterior, como um soco, acaba sendo desnecessário. No movimento de varredura descendente, *guedan barai*, para a esquerda, alinhamos o corpo com o braço direito nesta direção. Este movimento já pode ser de defesa. Em seguida, o *guedan barai* é efetuado com o braço esquerdo de forma ofensiva. Outra característica bastante importante é que na maioria das vezes os movimentos são de avanço, tanto os de defesa como os de contra-ataque. Parece um paradoxo: avançar para defender ao invés de recuar. Mas é isso mesmo, recuar é andar para trás, mais lento, difícil e perigoso. Desta forma induzimos nosso oponente a recuar, assim mostramos nossa segurança e assertividade criando uma situação adequada para que o oponente desista ou seja dominado e finalizado. O recuo está presente em alguns *Kata*, mas sempre como parte de uma estratégia.

Embu-sen ou caminho do deslocamento (desenho): é basicamente um "Tê duplo" (duas letras Tê maiúsculas invertidas e sobrepostas). Percorrê-lo, significa ir para esquerda (1) e depois à direita (2), retorna ao centro e avança frontalmente (3), gira para a direita (em relação ao começo) (4) e depois inverte para esquerda (5), avança retornando ao ponto de partida (6), vira à esquerda (7) e finalmente à direita (8). A intenção não é de descrever detalhadamente o *Kata*, mas sim perceber quais as direções em que os movimentos se dão e o quê podem significar. A princípio, um Tê duplo sendo percorrido desta forma, poderíamos imaginar um confronto com 8 oponentes, o que não é muito razoável para quem está começando o aprendizado.

Estratégia: se definirmos a estratégia como "desequilibrar e bater", podemos pensar em apenas um oponente, bastante insistente e resistente. No início, temos este oponente nos segurando pelos pulsos. Nossa primeira reação é de nos livrarmos deste agarramento desequilibrando o oponente ao puxá-lo para esquerda e para baixo, ao mesmo tempo temos que raspar nossos braços (esquerdo sobre o direito) para nos livrarmos mais facilmente das mãos do oponente. Em seguida, com ele desequilibrado podemos socar. O braço que comanda o desequilíbrio é o esquerdo (na mesma direção do movimento), o peso do corpo vai à frente e apoiado na perna esquerda na maior proporção. Assim, podemos avançar e socar, mantendo o peso do corpo à frente, apoiado agora na perna direita (posições denominadas como *zenkutsu-dachi*).

Seguindo a mesma estratégia, podemos agora agarrar o oponente com o braço que socou (direito) e puxá-lo para trás, causando mais um desequilíbrio. Na sequência, uma martelada com o mesmo braço que puxou para aumentar o desequilíbrio, causar algum dano, mas essencialmente criar a condição para um soco com a mão esquerda que poderá ser o suficiente para encerrar o confronto.

Na interpretação pedagógica tradicional, a do *bunkai* que divide o *kata* em pedaços, tem-se um oponente à esquerda e outro à direita. O primeiro movimento é uma defesa com o braço esquerdo em varredura descendente (*guedan barai*) e um posterior avanço reto com soco (*oi tsuzki*). Na sequência, uma defesa em que o oponente vem por trás (aquele que estava à direta no começo), também com varredura descendente. Na sequência a martelada com o mesmo braço e em seguida o avanço reto com soco. Esta interpretação, do ponto de vista de realidade, tem algumas fragilidades. A primeira, considera um sincronismo perfeito entre lidarmos com o primeiro oponente e depois o segundo, principalmente pelo fato de darmos as costas para o segundo enquanto lidamos com o primeiro. A segunda, é a eliminação do perigo relativo ao primeiro oponente com apenas uma defesa e um soco – e ainda por cima damos as costas a ele. Em uma situação real, seria preciso muita confiança, precisão e principalmente sincronismo com os oponentes, o que sabemos que depende deles também. Esta falta de realidade dificulta o aprendizado. Neste caso, são poucos movimentos, mas no *Kata* como um todo, são 21 movimentos. Guardar na memória algo que não faz muito sentido é bem mais difícil, a realidade envolve aspectos da memória muito mais poderosos e eficientes. Para mim, um exemplo é no avanço central/frontal (3) em que após uma varredura descendente com o alinhamento do corpo de maneira a ficarmos novamente de frente, executamos uma sequência de três movimentos ditos defensivos superiores (*aguê uke*) – se realmente for isso, estamos enfrentando um oponente que está recuando e socando, o que é muito incomum. O mais fácil é interpretar como uma série de ataques aonde o antebraço frontal é usado para bater, o posterior usado como defesa ou agarramento, simultaneamente.

Podemos continuar com esta estratégia até o final, desequilibrando ao girar puxando para baixo e batendo. Nos últimos movimentos (7)(8), se considerarmos o mesmo oponente, já percebemos que precisamos mudar alguma coisa. A posição muda, com o uso da alavanca do quadril para gerarmos uma projeção do oponente ao solo, não só um desequilíbrio. Desta forma o peso fica na perna de trás (*kokutsu-dachi*), para permitir o encaixe do quadril e a alavanca. Esta mudança de posição, com o peso do corpo com maior proporção concentrado na perna de trás e mais próximo do oponente, exige um golpe diferente. Muito perto para um soco, mais ideal para o uso do braço/mão na forma de espada atingindo o pescoço.

Esta interpretação tem também a vantagem de exigir uma movimentação correta de todo o corpo. Em uma defesa, nem sempre é necessário a movimentação correta de todo o corpo, pois basta interromper o golpe desferido pelo adversário. Mas para causar desequilíbrio, o movimento correto estruturado e sincronizado de todo o corpo com um único objetivo é fundamental. Exige também o apoio correto dos pés, o pivoteamento adequado para a intenção desejada. Como exemplo, o encaixe do quadril (7), mudamos a posição de peso do corpo com maior proporção na perna da frente para o encaixe do quadril e posteriormente o peso do corpo na maior proporção na perna de trás – este giro é mais eficiente quando o fazemos apoiando a parte frontal do pé e girando o calcanhar (mudança de base de *zenkuntsu-dachi* para *kokutsu-dachi*).

É importante ressaltar que nesta descrição e interpretação o primeiro movimento, o de varredura descendente tem dupla função, pode ser uma defesa de um soco ou chute na altura média, ou como descrito, um movimento para se livrar do agarramento e desequilibrar o oponente. Independente do objetivo, o movimento é idêntico.

Heian Shodan - O Processo Pedagógico e a Técnica

A execução durante o processo de aprendizado pode ser realizada de diversas formas: inicialmente, para absorver de maneira mais abrangente, é interessante uma certa velocidade, não muito grande de maneira a não comprometer as transições (todos os movimentos têm um início e um final, mas a dinâmica desde início até o final é fundamental). Após a memorização dos movimentos, do desenho e da aplicação, podemos passar para uma execução mais lenta, onde as transições são enfatizadas. O *Heian Shodan* é um *Kata* que oferece uma grande oportunidade para compreendermos e exercitarmos os aspectos fundamentais do Karatê em termos de movimentação, estabilidade e geração de energia. Por ser mais simples, podemos nos dedicar a aperfeiçoar e manter ao máximo estas bases. Na execução mais lenta, é mais fácil perceber se estamos fazendo da melhor forma possível. Ela é muito mais cansativa e exige bastante da musculatura das pernas e quadris. É mais fácil também perceber se estamos gerando energia na direção certa e de forma adequada. A execução lenta inclui uma posição intermediária, denominada posição do gato, ou *nekoashi-dashi*. Nesta, a perna que avança, desliza de forma a posicionar o pé logo a frente do outro pé, com um apoio muito sutil ao solo da base dos dedos. O corpo está alinhado na direção do destino e o peso se encontra quase todo na outra perna. O alinhamento é facilitado com o uso do braço contrário da perna que está avançando, apontando-o na direção do movimento (com o movimento de ambos os braços simultaneamente, o processo de contração e expansão do tórax permite um maior controle da respiração e consequente geração maior de energia). Em seguida, o pé desliza novamente até a posição final (pode ser em *zenkuntsu-dachi* ou *kokutsu-dachi*, o processo é o mesmo) e o corpo se posiciona de forma a ter maior estabilidade. No *Heian Shodan*, a posição final, na sua grande maioria é em *hanmi*, somente nos três avanços com soco é que estamos frontalmente posicionados (com o tórax alinhado à frente, os dois ombros formando uma linha perpendicular à direção do movimento).

A interpretação da aplicação descrita acima, define a abordagem de ensino, todos os aspectos são tratados simultaneamente: a realidade da aplicação (o contexto), o objetivo (para quê), a eficiência (como), e a estratégia (que altera o como quando necessário). É importante não considerarmos uma certa interpretação como sendo a única ou a melhor. Cada uma tem seus objetivos em função dos aspectos pedagógicos incluindo o contexto de luta, elas são complementares. Estou falando aqui de interpretações desenvolvidas através de longos e profundos estudos realizados por quem se dedicou intensamente. Talvez seja um exagero pensar que no primeiro *Kata* enfrentemos somente um único oponente, assim, sugiro que após uma certa compreensão dos movimentos e do desenho, façamos uma inclusão de oponentes para ficar mais real. Creio que um para a primeira linha de movimentos (1) e (2), com o enfrentamento de um segundo em (3)(4) e (5), e finalmente um terceiro até a finalização (6) (7) e (8). Mesmo assim, começar enfrentando 3 oponentes é um grande desafio. A interpretação clássica, ou pelo menos a que mais encontrei sendo utilizada pelas escolas que passei considera vários oponentes (oito, se considerarmos todas as direções do *embu-sen*). Pode parecer irreal como citei anteriormente, já que é o início do aprendizado. É fruto da quebra em pedaços (*bunkai*) para que o aprendizado e a memorização sejam gradativos.

No *Heian-Shodan*, os movimentos realizados com os braços também permitem algumas interpretações. Na clássica, há a defesa com um braço e o contra-ataque com o outro. Na interpretação ancestral, a defesa ou bloqueio já deve ter consequências importantes sobre nosso oponente. Deve demonstrar nossa intenção, nossa assertividade e segurança (a intenção é resolver o problema com a defesa). Como citei acima, os braços devem atuar de forma simultânea. Isto permite, além do alinhamento correto do corpo na direção do oponente, a geração otimizada da energia pelo nosso corpo como um todo (já que é necessário o posicionamento correto do quadril pelo ajuste correto das pernas – o movimento do quadril é em boa parte devido ao ajuste das pernas para gerar energia e estabilidade). Nos movimentos interpretados como defesa, por exemplo no *guedan-barai* do primeiro movimento (uma defesa à esquerda contra um chute ou soco na região abdominal), o alinhamento do corpo conforme citado acima, exige o braço direito alinhado na direção do oponente e o braço esquerdo recolhido sobre este. A defesa é então feita pela mão direita e posteriormente o braço esquerdo varre para baixo levando o braço ou perna do oponente para baixo, finalizando a defesa e causando o desequilíbrio para podermos avançar em contra-ataque de forma fulminante se necessário. Podemos também, interpretar uma ação mais efetiva agarrando o braço ou perna do oponente com a mão direita e com a esquerda o movimento de varredura tem a intenção de causar um dano mais efetivo. Todas estas situações não interferem nas bases técnicas descritas, compartilham exatamente o mesmo movimento. Exatamente o mesmo princípio pode ser utilizado para todos os outros movimentos, fica muito claro no avanço central em *aguê uke*, com um braço seguramos e o outro batemos. Até no retorno central, nos três socos, podemos incluir esta intepretação: a mão frontal está agarrando e puxando e a outra socando (isto aumenta significativamente o resultado, bem como inclui segurança no avanço). Uma interpretação bem interessante é em que o soco é desferido contra o braço do oponente, com o objetivo de quebrá-lo, mas para isso é importante agarrar com o outro braço, criando uma situação de suporte. É importante ressaltar que na execução lenta, os movimentos com os braços são lentos também, é meio óbvio pois é necessário sincronizar todo o corpo. Desta forma podemos focar na movimentação correta e na posição adequada dos ombros, cotovelos e mãos. Os movimentos rotacionais do antebraço tendo como o cotovelo como pivô ficam bem evidentes e é mais fácil perceber o porquê desta maneira de fazê-los. Com um aumento na velocidade de execução, os braços passam a se comportar de forma diferente, a efetividade das defesas e dos contra-ataques estão associados a máxima geração de energia. A energia total é gerada por todo o corpo em movimento, sincronizado e alinhado com o objetivo do golpe (seja ele de defesa ou de contra-ataque). Para isso, a movimentação dos braços segue o princípio do elástico ou do chicote. Mais velocidade e menos força, a contração é em um tempo mínimo ao final do movimento. No *Heian-Shodan*, só encontramos movimentos com os braços executados desta forma.

Entusiasmo: dificuldade, busca da perfeição, ritmo, música, respiração e a história.

Durante muito tempo sempre afirmei, e quis acreditar, que eu praticava os cinco *Heian* com o mesmo entusiasmo dos demais *Kata*. Digo isso pelo fato que a cada novo *Kata* que eu estudava, novos horizontes se abriam – mais complexos e divertidos, em alguns era evidente a defesa contra armas como bastões, lanças e espadas (os movimentos contra estas armas, quase sempre podem ser utilizados contra socos e chutes, com pouca adaptação). Com o tempo percebi que o entusiasmo era na verdade criado inicialmente por dois motivos: a dificuldade de execução de movimentos considerados simples e a busca da perfeição. *Kata* simples, o desafio é fazer com perfeição, assim a repetição e a busca pela execução cada vez mais próxima da perfeição. Para os mais complexos, parecia que a busca da perfeição era algo mais distante. A perfeição não é atingida, e não é um destino final, a busca ou melhor o caminho é que é o mais importante. Com o tempo, a idade e as limitações vêm surgindo. Assim, nossa busca, é a da satisfação interna: afirmo que executo os *Heian* atualmente, depois de mais de quatro décadas, de forma a me satisfazer mais do que há dez ou vinte anos atrás. Com certeza executava com mais vigor e despendendo uma quantidade grande de energia, posições mais baixas, golpes rápidos e estética elegante, chutes precisos, altos e belos. Isto continua fazendo parte de meus objetivos, mas inclui aspectos muito mais importantes. Percebi que a força é algo que dificulta a execução correta do *Kata*. Os movimentos devem ser relaxados e a contração somente no final. A eficácia e eficiência dos movimentos de defesa e contra-ataque é dada pelos fatores já citados, mas no *Kata*, devemos considerar que na sua grande maioria os movimentos são elásticos como um chicote. Os empurrados, penetrantes e contundentes são em número muito pequeno e tem sempre um objetivo bem específico e estratégico. Gosto sempre de lembrar, que um dos movimentos mais simples e presente em inúmeros *Kata*, o soco com avanço frontal (*oi tsuki*), eu só me senti confortável durante sua execução depois de mais de três décadas de prática. E ninguém precisou me dizer que estava errado ou eu não estava executando de forma correta, eu não me sentia confortável, sentia que não funcionava. Quando compreendi que o importante era a articulação total do corpo, um controle completo do corpo e a geração do chicote, é que comecei a me sentir mais confortável (aqui, agradeço imensamente ao *sensei Tetsuhiko Asai*, que por sua abordagem me permitiu perceber o caminho correto).

Os outros dois motivos para o entusiasmo são relativos à música do *Kata* e a "história" que consideramos para aplicação.

Percebo que cada *Kata* tem uma música, alguns chamam de ritmo. Para mim, música é o que melhor define. Música é mais complexo e mais abrangente do que ritmo, exige uma maior atenção. O ritmo é definido para cada *Kata*, assim como seu *embu-sen*. A meu ver, foi definido como parte do método pedagógico e de treinamento. Algumas vezes fazem todo o sentido em uma determinada interpretação de aplicação, outras não. Movimentos lentos, a princípio, deveriam ser relacionados a estratégia, mas muitas vezes tem como objetivo permitir a execução detalhada e correta, já que a velocidade "esconde" os erros e a falta de estabilidade. A música, por sua vez, tem um papel mais abstrato, relacionado com a prática meditativa. Vejo como a busca de sintonia com a energia do universo, que está sempre em movimento. A intenção é compatibilizar a música produzida pelos movimentos com a música do universo, permitindo um sentimento de pertencimento plano. A respiração tem papel fundamental como já descrito anteriormente, mas nunca é demais ressaltar a sua importância. A respiração incorreta, sem sintonia, enche o *Kata* de "pontos", como em um texto. O que devemos ter, são "vírgulas", onde não há paradas, mas sim, desacelerações e acelerações. A forma incorreta, dificulta tanto o equilíbrio e a estabilidade do corpo como a geração de energia pelo princípio elástico.

Finalmente o grande motivo para o entusiasmo, o quinto elemento: a alegria, a felicidade o bom humor. Seja qual a palavra que escolhermos, o importante é estar se divertindo. O Karatê moderno, a meu ver, introduziu uma seriedade desnecessária às aulas e aos treinamentos, muito por conta da própria natureza introspectiva e sobrea do povo japonês, mas também pelo fato histórico de ter sido utilizado para o treinamento das forças armadas. Existem momentos de extrema concentração, não há aprendizado de outra forma. Sem contar que realizamos movimentos, que se executados de forma indevida ou sem atenção, podem causar sérias lesões. Em Okinawa o ensino é muito mais liberal do que no restante do Japão, as aulas são mais dialogadas e há muita interação entre os alunos e mestres. Algumas tapeçarias e pinturas muito antigas que registram os monges *Shaolin* em treinamento e prática do *kung-fu*, os apresentam sempre com um belo sorriso. A diversão é evidente. Os benefícios do bom humor vão muito além daqueles que percebemos como óbvios, com o tempo fica evidente que o bom humor nos conecta muito mais facilmente com tudo, é uma espécie de flexibilização que atinge e facilita a integração do corpo, mente e espírito. Um dos resultados mais poderosos é a potencialização da criatividade, as discussões encaloradas e divertidas sobre aplicação dos *Kata* são um exemplo magnífico disso.

Histórias para o *Kata*

Nas considerações iniciais e em algumas outras partes deste texto, citei a importância da história, ou do aspecto lúdico de cada *Kata*. Além de ser um dos aspectos para a geração do entusiasmo, é importante para a memorização e principalmente para o conceito de "imaginação ativa" de Jung. No fundo, vejo como fundamental para a conexão com os antepassados, com a nooesfera, com o mundo espiritual. Nada de profundamente metafísico ou místico, mas uma "técnica" para uma conexão maior, além do plano físico, do aqui e do agora. Não creio ser necessário termos uma história que realmente ocorreu, ou pensada pelos ancestrais criadores e desenvolvedores do Karatê – e nem temos isso registrado oficialmente. Na intenção ancestral, a conexão com o inconsciente espiritual é essencial, considerar os antepassados que através do sofrimento e a dedicação, desenvolveram as técnicas que praticamos. O Karatê é uma construção milenar realizada por contribuições feitas por camponeses, alunos, praticantes, professores, estudiosos, enfim, uma incontável variedade e quantidade de pessoas com propósitos diversos, mas trilhando um mesmo caminho. Desta forma, fica fácil de compreender que não há Karatê individual, solitário, sempre estaremos acompanhados. É um grande exercício de percepção do outro, de empatia e até mesmo de compaixão. A prática nestes termos é efetivamente meditativa, transcendental.

Podemos criar uma história ou usar alguma que faça sentido para nós. Inicialmente, sugiro seguir alguma história definida por alguém com uma boa experiência prática. Depois de certo tempo de estudo e prática, faça suas modificações, e se achar necessário, crie a sua própria história. Um ponto a destacar é o dos oponentes, precisamos cria-los, pertencem a história. Não precisam, e não devem ser inimigos. Oponentes é mais leve, mas podemos cria-los como ajudantes, aqueles que nos ajudarão a praticar corretamente o *Kata*. Não devemos considerá-los como auxiliares ou secundários, fazem parte importante. Nem pouco são inofensivos, se forem, não servem.

Uma história para o *Heian-Shodan*

Esta é a história, o contexto real que me vem à mente quando executo. Cada um pode criar sua própria história, inclusive alterando alguns dos movimentos ou direções. As alterações não devem mudar significativamente o *Kata*, são feitas para que possamos sentir mais eficiência e realidade. Deixar de executar movimentos que introduzem simetria ou que ajustam o *em-busen* são as alterações que julgo mais adequadas.

Nosso oponente nos segura pelos pulsos, realizamos um movimento para esquerda (90º) trançando e raspando os braços com a intenção de nos livrarmos do agarramento. Ele se desequilibra e aproveitamos para avançar e desferir um soco. Imediatamente o seguramos com o mesmo braço que socamos e o puxamos para trás (180º) de forma descendente avançando à direita. Aproveitando o maior desequilíbrio desferimos um golpe com o mesmo braço que o puxamos, uma martelada, e em seguida avançamos com um soco. Ainda não conseguindo anular completamente a ameaça, puxamos com braço que desferiu o soco, o esquerdo, de forma descendente a 90º. Agora avançamos batendo com o antebraço de forma ascendente três vezes no pescoço. Ao final, giramos pela esquerda (90º) e puxando-o para baixo e avançado com um soco. Mais uma vez o agarramos com o mesmo braço do soco e o puxamos para trás (180º) de forma descendente e avançamos com um soco. A direção destes movimentos tem por objetivo finalizar efetivamente a ameaça do 1º oponente e nos colocar de forma a facilitar a percepção e a defesa de um 2º oponente. Este está vindo pela esquerda, o interceptamos antes que tenha se estabilizado com um movimento de varredura descendente. Em seguida avançamos três vezes com socos frontais e ao final, encaixamos o quadril e o projetamos ao solo, girando por trás (90º), mantendo o peso na perna de trás, a direita. Imediatamente, avançamos mantendo a posição com apoio na perna de trás e batemos com a mão em espada no pescoço. Para finalizar, agarramos e giramos para direita e em seguida batemos novamente com a mão em espada no pescoço.

É importante perceber a mudança de estratégia para uma completa eliminação das ameaças. Não resolvendo efetivamente desequilibrando e socando, partimos para os golpes mais letais no pescoço, com posterior desequilíbrio, projeção e finalização com soco frontal (1º oponente). Alinhamos nossos movimentos de forma a termos uma posição e visão adequada para enfrentar o 2º oponente. Este é enfrentado de forma mais contundente, pois já estamos com certo desgaste físico e uma possível incerteza de termos eliminado a ameaça do 1º oponente ou até mesmo existirem mais ameaças. A mudança da postura, com o encaixe do quadril e a projeção ao solo do 2º oponente é também estratégica, este teve a oportunidade de ver como atuamos ao enfrentar o 1º, seria arriscada uma repetição.

Uma história alternativa que algumas vezes me ocorre, é a de estar caminhando e ao passar entre duas pessoas, sou agarrado pela que está a minha esquerda. Me livro dela, de forma semelhante à descrita acima e na sequência me antecipo e confronto a ameaça que vem da direita. O confronto prossegue, voltando-me para o primeiro oponente até finalizar com os golpes ascendentes e projeção ao solo mais o soco. Em seguida, o confronto é com o segundo oponente, até derrubá-lo após a sequência de socos, e golpe no pescoço com a mão em espada.

A grandeza do *Heian-Shodan*

Eu sempre me impressiono com a quantidade de lições e oportunidades de aprendizado que os *Kata* nos oferecem. Gosto de pensar que cada um é uma enciclopédia e o conjunto é uma biblioteca. Existem os mais complexos, aqueles que exigem mais esforço e habilidade. Mas não existe grau de importância, todos são igualmente importantes. Os paralelos, as comparações e as relações com nossas demais atividades e contextos de nossa vida, vão surgindo conforme vamos nos abrindo e percebendo a profundidade de um "olhar integral", um olhar com o corpo, mente e espírito. No *Heian-Shodan* iniciamos o caminho do *Karatê (Karatê-dô)* e do processo do olhar integral. Apesar de ser intencionalmente mais simples, guarda dentro de si um grande potencial de estudo. Como não poderia deixar de fazer, ele nos apresenta os fundamentos das transições de bases e das defesas e contra-ataques. É autoexplicativo fisicamente e biomecânicamente dos porquês associados a estruturação do corpo. No *Heian-Shodan* não há recuo, são sempre movimentos de enfrentamento. Até mesmo nas mudanças de direção (giros) a preocupação com o pivoteamento é a de ir à frente e nunca recuar. Os alinhamentos do corpo na direção do oponente, presentes em todas as movimentações, definem uma estrutura sólida para o enfrentamento. É uma espécie de preparo para o movimento, seja de defesa ou contra-ataque. Não há espaço para surpresa ou adivinhação, encaramos o oponente e agimos. Em uma situação real, isto permite a tomada de decisão, não é uma reação, mas sim uma ação controlada que pode mudar de acordo com o comportamento do oponente ou mesmo do contexto geral (estamos em estado de expansão da consciência, assim percebemos além do nosso oponente, tudo o que está a nossa volta). É um grande exercício de autoconfiança e eliminação da hesitação (que está muitas vezes associado à ansiedade de terminar logo, sem erros). A percepção de que a respiração deve ser controlada fica evidente a cada nova execução. Um controle natural, sem artificialidade. Mais um exercício, agora de autocontrole. Nas defesas o posicionamento e a estrutura do corpo não é o de bloqueio, mas sim de escoamento – nosso corpo fica de tal forma que além de penetrante, permite o desvio do impacto direto com o golpe recebido. Assim, independente da força e da intensidade do golpe, podemos lidar com ele minimizando o risco. Defesas não devem bloquear ou impedir o avanço de um ataque, mas sim direcioná-lo para uma situação de segurança e que nos permita um contra-ataque fulminante, se for necessário. A posição de defesa, ainda nos permite uma estruturação do corpo própria para o contra-ataque. Nos contra-ataques em avanços com soco, a posição é mais rígida, frontal ao oponente, solidamente aterrada. A intenção é a finalização efetiva do oponente com grande assertividade. Há um contínuo entre contração e expansão para gerar energia e estabilidade. Os braços não se dispersam antes da conclusão dos golpes (defesa ou ataque), mantém-se próximos ao corpo, concentrando a energia e escondendo suas intenções. A contração final, após um golpe, ocupa um tempo mínimo – fundamental para termos velocidade, precisão e efetividade. A manutenção da altura durante as movimentações e transições evita a flutuação do corpo, a perda da estabilidade. Desta forma não lutamos contra a força da gravidade (forças naturais, sejam elas quais forem), a usamos ao nosso favor. Isto permite uma movimentação fluida, suave e elegante. O resultado é um gasto energético mais baixo com potencial muito alto para gerar energia e principalmente a exteriorização da autoconfiança e assertividade. Sem contar que é uma grande oportunidade de percebermos nossa relação com a Terra, não é à toa que a estabilidade está associada ao aterramento. Um aspecto muito interessante e importante é relativo a como nos percebemos durante a execução dos *Kata*, não há como esconder de nós mesmos nossas fragilidades, habilidades, erros e acertos. Mais uma vez, um grande exercício, agora de auto distanciamento que nos leva ao autoconhecimento, com um caminho claro para a busca contínua da perfeição. Na verdade, da *nossa* perfeição, aquela não relacionada a comparações com o exterior, é o sentimento puro de autorrealização. Uma execução entusiasmada do *Kata*, com a percepção plena de seu significado, propicia uma grande geração de energia vital – é uma sensação indescritível de satisfação e alegria. Alimentamos assim, todos os componentes do nosso ser, corpo-mente-espírito.

Com o tempo, dedicação e persistência, a fluidez dos movimentos começam a aparecer. As execuções se tornam cada vez mais agradáveis e significativas. É neste momento que começamos a refinar as posições e os movimentos. A cada execução buscamos melhorar, corrigir ou compreender algum aspecto do *Kata*. É fundamental que tenhamos uma visão completa do nosso corpo como uma estrutura única e estável. Para isso, fazemos uma espécie de auto distanciamento para podermos nos ver com mais clareza, perceber nosso corpo incluindo a dinâmica associada aos movimentos e a respiração. É um exercício para o auto distanciamento que precisamos fazer para ver e compreender nossa mente. Se não conseguimos nos distanciar do corpo para percebê-lo, com a mente será muito mais difícil.

Um Heian-Shodan um pouco diferente

O aprendizado dos fundamentos a partir do *Heian-Shodan*, pode levar algum tempo. A sensação de conforto e efetividade vem ao longo de muito estudo e prática. Alguns mestres (os mais tradicionais) não avançam no ensino para os estudantes até que cheguem em um certo ponto, outros já começam a ensinar os próximos *Kata* sem que algum domínio do primeiro seja alcançado. São vários os motivos para escolher qual a melhor forma, mas isso tem muito a ver com o perfil dos estudantes. Um tempo de aprendizado muito longo pode ser enfadonho para alguns, mas acredito que a profundidade de cada *Kata* nos permite ficar muito tempo estudando sem passar para um outro. Uma alternativa antes de estudarmos os outros *Heian*, é a inclusão de chutes frontais (*mae-gueri*) antes dos avanços com soco (*oi-tsuki*) e bloqueio ascendente (*aguê-uke*). Torna mais divertido e desafiador além de exigir o alinhamento do corpo de forma mais evidente.

Demais Kata: Heian Nidan, Sandan, Yondan e Godan (2º, 3º, 4º e 5º)

Todos os aspectos descritos para o 1º *Kata* podem ser seguidos para os demais. Eles possuem muitas diferenças, mas a abordagem básica pode ser a mesma. Há um aumento significativo da complexidade dos movimentos, nem dá para dizer que seguem algo crescente, são diferentes por tratarem de situações e oponentes diferentes. Não farei uma descrição tão extensa destes demais *Kata*, somente algumas observações de maneira a ativar a intenção da abordagem. De comum, estes quatro possuem uma simetria entre os primeiros movimentos, podem ser interpretadas como parte de um mesmo conjunto de movimentos de defesa contra um único oponente. Compartilham também o mesmo *embu-sen*, o mesmo desenho em "duplo Tê".

Heian Nidan: segundo *Kata*, é como se fosse um segundo degrau no processo de aprendizagem. O primeiro já nos apresentou vários aspectos relativos às bases, transições (movimentações) e estruturação correta do corpo para gerar energia e estabilidade. As simetrias iniciais e finais são irreais do ponto de vista de aplicação, parecem mais como exercícios para podermos ter habilidade com os dois lados. Se a intenção for puramente aplicação, estas simetrias podem ser descartadas, mas é uma prática que deve estar em sintonia com a execução correta. Como já citei anteriormente, existem inúmeras maneiras de praticar o *Kata*, mas sempre devemos nos voltar para a forma "padrão" acompanhada da intenção correta da aplicação – é assim que a busca da perfeição se dá. Como todos os *Heian*, podemos imaginar o início como sendo uma ação para se livrar de um agarramento nos pulsos/antebraços. Neste caso, um oponente mais forte em relação ao *Heian Shodan*. Para isso fazemos um movimento descendente, apoiando sobre a perna direita (*koktsu dachi*) ao mesmo tempo que levantamos os braços para nos livrarmos do agarramento – o corpo desce e os braços sobem girando para esquerda, potencializando a estrutura do corpo para enfrentar este oponente mais forte. Os demais movimentos com os braços e punhos são de contra-ataque (um soco invertido/torcido com a direita e depois um soco martelo com a esquerda). Na volta do soco invertido, puxamos o oponente, assim, a martelada fica mais poderosa. Nestes três movimentos deve ocorrer uma forte contração e expansão para termos o máximo de energia gerada com estabilidade. Outra interpretação interessante é a de que o oponente está segurando um bastão com as duas mãos de maneira frontal (com duas mãos à frente na mesma extensão), nós seguramos também. Para tirarmos o bastão dele, os movimentos são muito parecidos: posição descendente, braços à cima e girando à esquerda. Um giro horário de 180° com os braços sobre nossa cabeça, torcendo os braços do oponente e em seguida o giro de retorno, anti-horário de 180° para bater. Na parte em que há o avanço frontal com três deslocamentos em *kokutsu-dachi* e mãos abertas em espada de forma defensiva e finalizando com a mão direita em lança, a interpretação pode ser a de uma perseguição: a primeira é uma defesa efetivamente, a segunda e a terceira pancadas na região do pescoço/tórax superior, e a quarta a quebra do braço ou do pescoço. A aplicação clássica é uma pancada com a mão em lança no plexo solar. Na sequência o giro do corpo de forma semelhante ao final do primeiro *Kata*, com a mesma intenção: derrubar e bater.

Heian Sandan: terceiro *Kata*. Semelhante ao segundo, os movimentos iniciais são simétricos e no *embu-sen* da forma padrão não parecem ter sentido. São movimentos aparentemente de defesa simultânea contra dois golpes a alturas distintas, um chute e um soco. Mas, mais uma vez, seguindo a intenção de nos livrar de um agarramento nos punhos ou antebraços, giramos para o lado esquerdo com apoio na perna direita em *kokutsu-dachi* (mantendo a linha do corpo em uma posição mais baixa) e braço esquerdo com movimento circular para fora (com centro de rotação no cotovelo) e o direito puxando em direção da cintura – movimentos simultâneos com contração e expansão. Neste momento o oponente se encontra bem próximo, e desequilibrado. Aproveitamos então para ficarmos mais altos, com os dois pés em paralelo, trazendo o pé direito ao lado do esquerdo e alternando os braços, o esquerdo gira para baixo e o direito para cima. A intenção é efetivar o livramento, desequilibrar e bater. Na sequência a alternância da posição dos braços novamente, esquerdo para cima e direito para baixo, simultaneamente e com a intenção bater (ventre e pescoço). Neste *Kata* temos dois momentos em que a interpretação mais letal possui quebra ou ao menos uma torção de pescoço. A primeira é ao final da sequência que nos leva até a parte superior do "duplo Tê", em um soco frontal com o braço direito. Este mesmo braço, agarra o pescoço do oponente e com um giro traz a cabeça dele para a nossa cintura. Com o movimento de giro do quadril, ocorre a quebra ou torção do pescoço, com a posição final em *kiba-dachi*. Ao final, temos um movimento semelhante, mas a partir do soco com o braço esquerdo – o agarramento do pescoço é também com o braço direito, o giro mais intenso, e com a intenção de projetar o opoente ao solo, e antes de cair, quebrar o pescoço.

Heian Yondan: quarto *Kata*. Mais uma vez temos uma simetria dos movimentos iniciais, mas podemos considerar que fazem parte do mesmo movimento. Desta forma usamos um movimento circular com a intenção de gerar uma onda que pode causar um grande desequilíbrio no nosso oponente que inicialmente, como nos demais, nos agarra pelos pulsos. Na sequência, avançamos em contra-ataque intenso com bloqueio e soco baixo, para com um movimento com os dois braços em conjunto para o desequilibrarmos ainda mais. Aproveitando tal situação, desferimos um chute lateral, para em seguida, de forma penetrante, aplicar uma pancada com o antebraço e cotovelo apoiado pelo outro braço. Como estamos muito perto do oponente, executamos um movimento para sua projeção ao solo, agarrando simultaneamente sua perna e pescoço.

Heian Godan: quinto *Kata*. A simetria se mantém, assim como o agarramento frontal. Agora o movimento inicial para se livrar é igual ao do terceiro *Kata* - giro para esquerda descendente, apoio na perna direita mantendo a linha do corpo. Os braços se cruzam, raspam-se entre si, o esquerdo faz um movimento giratório de fora para dentro e o direito se posiciona na cintura. Imediatamente desferimos um soco com o braço direito sem alterar a base. Com este mesmo braço seguramos o braço do oponente, puxamos e batemos com o cotovelo do outro braço. Imediatamente avançamos com bloqueio duplo a média altura e apoiado na perna de trás e avanço com bloqueio duplo a baixa altura apoiado na perna frontal. Agarramos com os dois braços em forma de tesoura a cabeça do oponente giramos para baixo, finalizamos com uma martelada e um soco. Outro momento de extrema letalidade neste *Kata*, ocorre após o soco invertido com o apoio do outro braço na altura do pescoço em posição alta. Imediatamente após este movimento, agarramos o pescoço/cabeça do oponente e o trazemos para baixo em um giro descendente até o solo, finalizamos puxando lateralmente com os dois braços e depois batendo com a base da mão. A interpretação clássica desta sequência é bem diferente - inclui um pulo para uma defesa em queda com os dois braços. Algo, a meu ver, de aplicação prática muito difícil.

A prática individual e coletiva

A prática individual deve vir em conjunto com a coletiva. No início, a coletiva com um mestre e vários colegas em fases de aprendizado diferentes é a que fornece o material para a prática individual. As aulas e treinos devem seguir o ritual descrito anteriormente, isto é fundamental para um avanço correto e de integralização da unicidade corpo, mente e espírito. A prática formal, individual, também deve respeitar o ritual, mas não se restringe a maneira formal. Podemos incluir facilmente em diversos momentos de nosso dia a dia – relacionar as percepções do aprendizado formal com as questões corriqueiras de nossa vida. Um exemplo é o de fazer um trajeto, um deslocamento que pode ser a pé, de ônibus ou carro (dirigindo ou não). Cada uma destas situações revela oportunidades de relações simples e até mais profundas. A observação concentrada do entorno, a análise de risco e a forma de nos movimentarmos são as atitudes básicas. A ideia é se concentrar no presente após o preparo, com isso evitamos os riscos e nos sentimos mais seguros. Por riscos, não precisamos imaginar que seremos atacados ou sofreremos um acidente, podem ser relacionados com a execução de um melhor trajeto, mais curto, mais rápido, fazendo com que cheguemos no horário previsto e com tudo o que for necessário para este encontro ou atividade. Mas pode ter certeza de que fazendo isto, os riscos mais graves podem ser minimizados e até evitados. O exercício pode ser mais abrangente ainda, a percepção das pessoas a nossa volta. Identificar a partir de seus comportamentos e linguagem corporal qual a situação delas, se estão tranquilas, agitadas, cansadas, estressadas, enfim tentar uma conexão que nos permita perceber o outro. As nossas reações à estas percepções devem ser identificadas também. São reações que nos faz sentir desconfortáveis ou não, ou ainda de indiferença. São dois os exercícios, o de descobrir o porquê que tal pessoa nos faz ter determinada reação, identificando se pode ou não ser algum tipo de projeção. O outro é o de não permitir que a mente reaja, perceber o outro e não reagir, somente observar. Este segundo é mais fácil de ser feito como uma evolução do primeiro. Ambos criam experiências que vão nos tornar mais empáticos. Uma caminhada solitária por lugares em que encontramos diversas pessoas é uma ótima oportunidade para estes exercícios. Inicialmente verificar se nosso andar está o mais natural possível: se nosso centro de gravidade flui à frente linearmente sem grandes oscilações, se nossos pés estão em uma abertura angular que condiz com o alinhamento dos joelhos e se repousam com controle sobre o solo, se nossa respiração esta sincronizada com nossos movimentos e se estamos mantendo o alinhamento vertical da coluna vertebral com um olhar reto ao horizonte. Importante também perceber como estamos fisicamente e mentalmente. Isto é um olhar para dentro de nós, corpo, mente e espírito. O olhar para fora é a observação das pessoas com as quais cruzamos.

A prática coletiva pode ser de duas formas: colaborativa e silenciosa. Na colaborativa os colegas colaboram entre si verbalmente e visualmente para o aprendizado. O professor funciona também como um mediador, e deve incentivar (com certo controle) a colaboração. O controle da colaboração tem como finalidade a manutenção do foco e evitar divagações que desconcentram. Na coletiva silenciosa, há um mínimo de interação verbal, normalmente com o professor informando detalhadamente o que será feito e por quê. Os alunos desenvolvem o solicitado em sincronia com todos os demais. Há muita repetição e a comunicação é não verbal. Os aprendizados são bem diferentes, e obviamente a forma silenciosa deve vir em uma fase apropriada, conhecimentos anteriores são necessários para o desenvolvimento adequado da atividade. Na silenciosa é importante exercitarmos a conexão com todos os participantes, professor e colegas. Concentrarmos na presença de todos, escutarmos as respirações e os sons produzidos. Aos poucos podemos exercitar a visão em terceira pessoa de nós mesmos, nos vendo de fora e nos percebendo como parte de um conjunto.

A prática individual pode também ser dividida em formas diferentes, aquelas de aprendizado das técnicas, as de fixação e as de concentração e meditação. Com o tempo, a de concentração e meditação é a que executamos com mais frequência. Não há a necessidade de aprendizado de uma quantidade grande de técnicas e *Kata*, basta um conjunto reduzido para exercitarmos tanto as questões descritas anteriormente como ritualistas.

Independente se a prática é individual ou coletiva, o exercício maior é o de conexão com o todo. A percepção do outro é fundamental, não há Karatê solitário, isolado do mundo. O objetivo maior é a transcendência, empatia e compaixão.

Retornando ao Kata Meditativo

Os *Heian* foram descritos nesta sessão com a intenção de termos um conjunto de *Kata* como um caminho sólido para o aprendizado do Karatê. A meu ver, pode ser o suficiente para um aprendizado integral e profundo. Como já citei anteriormente, existem inúmeras maneiras ou modos de se executar um *Kata*. Com a intenção mais objetiva no processo de autoconhecimento, o modo meditativo creio ser o mais adequado. O modo de execução inclui uma velocidade baixa demonstrando o domínio completo do corpo e da mente. É muito mais difícil de se executar desta forma, as transições, as bases, enfim todos os movimentos precisam ser feitos com precisão e maestria. A velocidade "engole" a técnica, um movimento se confunde com outro e é mais fácil controlar a mente, pois não há tempo para ela se manifestar. Apesar de mais lento, continua a existir um ritmo bem definido, continua não existindo interrupções ou momentos completamente estáticos. A respiração acompanha o ritmo, é até mais fácil de deixar de percebê-la (como já dito, deve ser natural espontânea, ditada pela necessidade de geração de energia e estabilidade do corpo). A mente deve ser um canal de fluxo de pensamentos, com o tempo, só temos o fluxo e não os pensamentos. Segue os princípios da meditação transcendental, védica. O corpo flui, desliza pelo chão, nos momentos em que as pernas são elevadas (chutes, p.ex.) o movimento deve ser de controle total e de pouso suave. A lentidão facilita a comunhão com a terra, usando a gravidade como aliada. A intenção deve ser sempre na aplicação, na realidade, mesmo respeitando o *embu-sen* e os movimentos extras e de simetria que ele exige. Uma forma de execução que costumo usar nas minhas práticas, é fazer os movimentos integrais do *embu-sen* e intercalar com uma execução baseada somente na aplicação.

11 Kihon, Kata e Kumitê

As escolas de Karatê se valem de uma estrutura pedagógica baseada em três princípios, ou três práticas de aprendizagem: o *Kihon* (básico), *Kata* (forma) e *Kumitê* (encontro de mãos). Como prego que o estudo, prática e ensino do *Karatê* pode ser realizado somente no *Kata*, acho importante como informação neste momento, citar de forma resumida as outras práticas.

No *kihon* as posturas, transições, técnicas de defesa, ataque e contra-ataque são repetidas. A intenção é a execução correta das transições e dos movimentos na sua essência. No *kumitê* é a prática com um companheiro: um assume a postura do ofensor e o outro se defende. Nesta prática, aspectos muito além das técnicas e da correção dos movimentos são considerados: emocionais e comportamentais. O *kumitê* possui níveis, vão desde movimentos simples de ataque e defesa avisados até um combate propriamente dito. É um momento em que se exige concentração e uma conexão muito profunda com o companheiro. Este "encontro de mãos" sempre inicia com uma saudação, reverência mútua. Costuma-se pronunciar *"oss"* ou *"osu"* (criado pela Escola Naval Japonesa, com significados como: sim, obrigado, entendi e desculpa) como saudação de agradecimento. Algumas escolas inseriram na saudação a frase *"onegai shimasu"* que possui algumas traduções, mas no *Dojô* significa "o sentimento de expressão de boa vontade em relação ao encontro das mãos" ou "espero que nosso relacionamento traga boas coisas no futuro". No *kumitê* confiança é construída: autoconfiança e confiança no companheiro. Este aprendizado é único, cada companheiro nos oferece uma relação única. A empatia é desenvolvida profundamente e oferece uma grande oportunidade para o desenvolvimento da humildade e do respeito. Com alguns colegas, esta relação é muito agradável e construtiva. Mas, sempre tem as não muito agradáveis. Estas costumam ser bem educativas, exercitamos ainda mais a autoconfiança e a observação. Como toda relação, deve ser construída. Nem sempre é fácil, mas com o tempo criamos o necessário para que pelo menos uma porção de *"onegai shimasu"* seja obtida. A compreensão das relações é um bom exercício, facilmente podemos perceber que uma boa relação advém dos valores, se temos identificação, nossos valores são semelhantes. Uma relação mais áspera pode ser fruto de projeções que fazemos no colega.

Um dos lemas do Dojô sempre nos põe no caminho certo: respeito acima de tudo. A prática constante do *kumitê* traz alguns ensinamentos bem importantes: não é uma competição, o objetivo não é atingir o companheiro (controle e respeito é a base), o desempenho é fruto do equilíbrio corpo-mente-espírito, a conexão é fundamental e o principal, deve ser divertido. É um processo pedagógico bidirecional planejado, independente da habilidade, da experiência e do conhecimento. Objetivos de aprendizagem são definidos de acordo com cada companheiro considerando aspectos técnicos, físicos e emocionais. O tripé de sustentação do nosso estado (corpo-mente-espírito) varia muito, assim, a percepção de como estamos é importante para o ajuste do equilíbrio. A conexão nos permite avaliar o equilíbrio de nosso companheiro, e se for o caso, usar como estratégia de ação e de aprendizado. O *kumitê* sem aprendizado, não faz sentido. A percepção do entorno é também bastante importante, qual o espaço temos, o que faz parte deste espaço, quais os riscos presentes no espaço, como é o chão (quais as diferenças de solo), onde estão as fontes luminosas e seus possíveis obstáculos, quais os possíveis adversários extras. A estratégia é definida após termos todas estas respostas. Parece muita coisa para muito pouco tempo, nosso companheiro ou companheiros não vão ficar esperando, pois devemos ter uma simulação de situação real. Com o passar do tempo, vemos algumas destas questões sendo respondidas de forma quase que instantânea, outras exigem estratégia para obtermos as respostas enquanto já estamos em situação de combate. Com as experiências meditativas, podemos alcançar a expansão da consciência, onde todas as respostas são obtidas em apenas um instante. Tudo é uma questão de prática, muito esforço e dedicação.

SOBRE O AUTOR

Creio que o título melhor para este texto deve ser "quem sou eu", uma afirmação, que responde a um questionamento. Quantas vezes já nos perguntaram "quem é você?" ... as mais complicadas de responder não são nas situações corriqueiras de nossa vida, mas em outras, em que exigem uma reflexão maior. Em uma entrevista de emprego, ou quando nos oferecemos para alguma atividade, em que uma boa resposta pode ser o sucesso de convencer nosso interlocutor a nos ouvir mais um pouco.

Neste momento da minha vida, a resposta é bem diferente daquela em que eu buscava alguma aprovação. No passado, minha preocupação era a de dizer o que eu havia feito, minha formação, meus títulos, minhas experiências e conquistas. Um bom interlocutor perguntava algumas coisas que me deixavam incomodado, normalmente relacionadas a minha personalidade e meu comportamento diante de alguma situação. Questões sobre o futuro também sempre faziam parte destas conversas, quais meus planos. Um pouco mais à frente, além dos planos incluía meus sonhos e desafios, saindo de um aspecto mais pragmático e indo para um lado mais lúdico. Agora, quase que elimino meu passado, coloco meu futuro de forma bem lúdica (bem no sentido da palavra, "que visa o divertimento mais do que qualquer coisa") e enfatizo o tempo presente, e neste o que me ocupa é a possibilidade de compartilhar aquilo que me motiva a seguir em frente. Demorei para chegar neste ponto, mas com certeza não foi a idade que me fez pensar assim, foram os estudos, as práticas e as experiência que relato no meu livro "O Caminho das Mãos Vazias – Autoconhecimento Através do Karatê-Dô".

De qualquer forma, creio que para este espaço do autor, a biografia se torna algo significativo: graduação em Engenharia Química (UFPR – 1985), mestrado em Informática Industrial (CEFET/UTFPR – 1993), 31 anos de docência no ensino superior de engenharia e computação, 25 anos de atuação no mercado nas áreas de engenharia e computação, 7 anos como coordenador de cursos de graduação na área de computação, faixa preta 4º grau pela FPRKT (2013).

REFERÊNCIAS

[ASHVAGHOSHA] Ashvaghosha, The Awakening of Faith, trad. T. Richard, Ed. Munshiram M. Publishers, 2005

[BLOFELD] Blofeld, J., I Ching – O Livro das Transmutações, trad. R.S.de Biasi, São Paulo: Ed. Record, 1968

[BUCKINGHAM] Buckingham, W. et al, O Livro da Filosofia, trad. D. Kim, São Paulo: Ed. Globo Livros, 2011

[CAPRA] Capra, F., O Tao da Física, trad. J.F. Dias. São Paulo: Ed. Cultrix, 1983

[Da Liu] Da Liu, T´ai Chi Ch´uan e I Ching, trad. C.A.L. Salum, São Paulo: Ed. Pensamento, 2002

[FRANKL] Frankl, V. E., Em busca de sentido, trad. Schlupp, W.O. e Aveline, C.C, São Leopoldo, RS, Ed. Sinodal, 1985

[FRANKL] Frankl, V.E., A vontade de sentido – Fundamentos e aplicações da logoterapia, trad. Pereira, I.S., São Paulo, Ed. Paulus, 2017

[FUNAKOSHI] Funakoshi, G., Karatê-dô Kyohan, trad. W. Bull. São Paulo: Ed. Cultrix, 2014

[FUNAKOSHI] Funakoshi, G., Karatê-dô, O meu modo de vida, trad. E.L. Calloni, São Paulo: Ed. Cultirx, 2000

[HUAI-CHIN NAN] Huai-Chin Nan, TAO, a transformação da mente e do corpo, trad. Z.H. Schild, São Paulo: Ed. Pensamento, 1995

[JUNG] Jung, C.G. e Wilhelm, R., O Segredo da Flor de Ouro, trad. D.F. da Silva e M.L. Appy, São Paulo: Ed. Vozes, 2017

[JUNG] Jung, C.G., et al, O homem e seus símbolos, trad. M.L. Pinho, São Paulo: Ed. Nova Fronteira, 2002

[JUNG] Jung, C.G., Memórias, Sonhos, Reflexões, trad. D.F. da Silva, Rio de Janeiro, Ed. Nova Fronteira, 2002

[LAO TZU] Lao Tzu, Tao Te Ching – O livro do caminho e da verdade, trad. E.P. Moreira e J.P. Nodari. Brasil: Ed. Pé da Letra, 2021

[LAO TZU] Lao Tzu, Tao Te Ching, trad. Ch´u Ta-Kao, Nova York: Ed. Samuel Weiser, 1973

[LIU JI] Liu Ji e Zhuge Liang, Dominando a Arte da Guerra, trad. S.B. Sarzana, São Paulo: Ed. Madras, 2005

[MATTHIEU] Matthieu, R. e Singer, W., Cérebro e Meditação – diálogos entre o budismo e a neurociência, trad. F. Santos, São Paulo: Ed. Alaúde, 2018

[MUSASHI] Musashi, M., O Livro dos Cinco Anéis, trad. M.M. Leal, São Paulo: Ed. Madras, 2003

[NAKAYAMA] Nakayama, M., Série – O Melhor do Karatê, trad.E.L. Calloni, São Paulo: Ed. Cultrix, 1998

[CLARET] Org. Claret, M. e Carvalho, E.M.M, O Pensamento Vivo de Jung, São Paulo: Ed. Martin Claret, 1986

[PROGOFF] Progoff, I., Jung, Sincronicidade e Destino Humano, trad. A. Mari, São Paulo: Ed. Cultrix, 1989

[PATEL] Patel R., SHAKTI o poder de sua essência, trad. A.I. Lopes, Rio de Janeiro, Ed. Sextante, 2020

[REID] Reid, H. e Croucher, M., O Caminho do Guerreiro – o paradoxo das artes marciais, trad. M.B. Cipolla. São Paulo: Ed. Cultrix, 1983

[SATYANATHA] Satyanatha, D.M.., Seja Monge - a arte da meditação, São Paulo, Ed. Fontanar, 2019

[SCALLON] Scallon, G., Avaliação da Aprendizagem numa abordagem por competências, trad. J.V. Martins, Curitiba: PUCPress, 2015

[STEVENS] Stevens, J., A Filosofia do Aikido, trad. W. Bull, São Paulo: Ed. Cultrix, 2004

[STEVENS] Stevens, J., A Filosofia do Aikido, trad. W. Bull, São Paulo: Ed. Cultrix, 2004

[STEVENS] Stevens, J., Três Mestres do Budô (Kano, Funakoshi e Ueshiba), trad. L.C. Cintra, São Paulo: Ed. Cultrix, 2007

[SUN TZU] Sun Tzu, A Arte da Guerra, trad. J. Sanz, São Paulo: Ed. Record, 1983

[SUZUKI] Suzuki, D.T., The Essence of Budhism, Kyoto, Japão: Ed. Hozokan, 1968

[TAZAWA] Tazawa, Y., Matsubara, S., Okuda, S. e Nagahata, Y., História Cultural do Japão – uma perspectiva, Ministério dos Negócios Estrangeiros do Japão. Brasília, 1973

[TOKITSU] Tokitsu, K., Ki e o caminho das Artes Marciais, trad. L.C. Cintra, São Paulo: Ed. Cultrix, 2014

[WILHELM] Wilhelm, R., The I Ching or Book os Changes, Princeton, N.J.: Princeton University Press, 1967

[YAGYU] Yagyu, M., A espada que dá vida, trad. E.C.P. Neves, São Paulo: Ed. Cultrix, 2013